王渊◎著

基于人本文化视角的
山西票号经营管理研究

THE RESEARCH OF
SHANXI EXCHANGE'S MANAGEMENT
BASED ON THE ANALYSIS PERSPECTIVE OF HUMANISTIC CULTURE

对现代商业银行的启示

山西出版传媒集团 山西经济出版社

序

孔祥毅

王渊同志的这本《基于人本文化视角的山西票号经营管理研究——对现代商业银行的启示》专著，是在人本文化视角下，对历史上山西票号的经营管理与现代商业银行进行的比较研究，而且也涉及现代中国商业银行与现代西方商业银行的对比。作者在分析票号经营管理制度形成的经济、社会和文化环境的基础上，在企业治理、人力资源管理、经营策略、风险控制、金融文化等几个方面，展开了对票号与现代商业银行经营管理异同的系统讨论。他认为，商业银行的经营管理核心在人，提升商业银行的经营管理水平，需要抓住对人的经营和管理，来实现商业银行业务发展和管理的提升。同时，作者又在社会体系、文化层面讨论了票号与现代商业银行经营管理差异的内在原因，进而提出了中国商业银行特色发展路径选择的建议。以这样的视角研究票号与现代商业银行经营管理还很少见，这也是本书独有的创新与特点。

大家还记得，2008年美国金融危机伤及全球。危机的制造者们，如美国国际集团（AIG）高管在2008年造成AIG高达993亿美元的巨亏，一度陷入破产危机，股价由100美元跌到33美分以下。美国政府不得不注资1700亿美元，才使之得以起死回生。然而，这些高管们竟计划在这一年派发4.5亿美元的分红，使奥巴马总统也万分惊愕，称AIG挟持国家当人质，发誓要把“钱要回来”。就在AIG等华尔街金融大亨面临经营与信任双重危机时，2009年3月18日《纽约时报》刊登了《中国山西票号》的特写文章，被世界媒体解读为“美国大力推销晋商精神，借以警醒处于经营危机和信任危机下的AIG类的金融巨头们”，要华尔街金融大亨们学习山西票号。那么，山西票号有什么需要美国金融大亨学习的呢？最重要的是稳健审慎的经营原则，诚信义利的商业伦理，恪尽职守的职业操守。首先，票号是中西现代金融业的“财富榜样”。票号追求利润的前提是见利思义，先义后利，以义取利，以义制利。认为有义有德才会有友有财。“仁中取利真君子，义内求财大丈夫。”20世纪初，英商汇丰银行的一位经理说：“25年来，汇丰与山西商人做了大量的交易，数目达几亿两，但没有遇到一个骗人的中国人。”其次，票号是中西现代金融业的“风控榜样”。在资金不足、无法满足社会需求时，通常是通过收受商业票据或发行短期银行票据，来满足社会对支付手段的需求，很少发行长期流通券；若发现分号现银摆布不均，则是“酌盈济虚，抽疲转快”。他们将资本金分为正本与副本，正本是股东投资，副本是按股份比例（包括银股和身股）提取的部分红利，周转使用，若发生亏损则由副本支付，绝不能“亏煞老本”，所以也称“护本”。第三，票号是中西现代金融业的“管理榜样”。票号认为义利是相通相济的，始终坚持道义经营，和贯始终，“仁义礼智信信中取利，温良恭俭让让中求财”。处人适情，处物适则，处事适理，人和、物义、事中。笃信“和气生财”，重视与社会各方面的和谐相处。票号的“人身股”，就是“有钱出钱，有力出力，出钱者为东家，出力者为伙计，东伙共而商之”的劳资共创、劳资共赢的制度创新，它将投资者的物化劳动与伙计们的活劳动整合在一个产权制度框架中，将资本所有者与劳动者的物质利益牢固地凝结在一个平台上，使东伙共享新创造的价值，这是企业管理史上成功有效的也是独一无二的晋商的资本论。我们从大德通票号的大掌柜阎维藩给他的一个分号关于章程修改的四条指示，便可以管窥豹。第一条“宗旨宜坚定也”，说的是银行的经营战略原则，一是分号必须坚持本号办号宗旨；二是严格履行本号规矩，“凡事待人以德”；三是初开张不必贪展，宜先虑后动，站稳脚跟，再图发展；四是以营求浮存为要义，不宜大利上款，“作佃官场，为号规所忌”。第二条“择主宜认真也”，说的是银行业务的审慎原则，要求“占庄因以求利为本，而尤以择主为贵。凡做迟期生意，则须极意详慎选择”，多事之秋，宜诸从活便，庶可进退欲如。勤阅报纸，耳目流通，更吾等分内之事。第三条“操守宜讲明也”，说的是对员工的品德要求，“我号谦慎相传，以高傲自满、奢华靡丽为深戒。且勤为黄金之本，谦和圣贤之基”。第四条“自立宜切究也”，说的是市场竞争策略，“近来银行林立，我号利权几为所夺，值此商战之秋，显然优胜劣败，速筹自立之方。自立之道维何？一曰实事求是，二曰一意从公，三曰随机应变，四曰返璞归真。”简言之，山西票号的以义制利、善待相与、资本管理、慎于出票、人本理念、中和之道等，都是现代“经济人”需要学习的。

王渊同志的这本书，提出了在企业治理方面，票号建立了所有者（财东）、管理者（掌柜）、职工（伙计）、客户四者之间的利益关系统一在一个制度框架中的和谐合作共赢的治理机制；在人力资源管理方面，票号以员工的全面发展为核心，体现个人价值与票号发展目标的统一、人与社会文化的相互融合；在经营策略方面，票号的金融创新，以人本文化为根本出发点和落脚点，体现了人本文化理念在业务经营方面的深化与延伸，同业合作与竞争融合在个人行为的理性化与规范化之中；在风险管理方面，票号注重以信义约束员工，积极挖掘员工自身的道德意识，并借助于担保、宗法、号规约束，实现对“人”的管理，使管人与业务内控有机结合，实现有效的风险控制；在金融文化方面，票号以义制利的商业伦理、中和之道的处世哲学，使票号的社会责任与票号职员修齐治平的心智素养相统一。作者认为，票号的经营管理核心是以人为本，以所有者（财东）、管理者（掌柜）、职工（伙计）、客户为本，经营管理活动的出发点和落脚点都是“人”。而现代商业银行的经营管理核心则为价值创造，以利润最大化为本，弱化了对“人”的关注，这是商业银行风险的内在根源。由于票号与现代商业银行秉承的价值观的差异：票号的价值观根植于儒家思想核心的中国文化，而现代商业银行的价值观是建立在“经济人”理念之上的西方文化，从而衍生了其经营管理核心的差异。作者认为，中国商业银行应该以人为本，中西结合，融会贯通，在引进西方商业银行的先进发展模式和现代科技管理等经验的同时，必须传承中国传统金融中优秀的经营管理理念、金融文化精华，走一条中国现代商业银行特色化发展的新路。

说实话，近年来研究票号对现代商业银行借鉴意义的人很多，但是很少有人从金融文化、人本视角展开，作为这一问题的大胆的探索者，需要有一定的学术勇气，王渊同志的尝试确实是难能可贵的。好在作者给我们呈现了一幅非常清晰的山西票号与当代中国商业银行和西方商业银行的经营管理差异的影像图，让人们不再停留在感叹票号汇通天下的雄风，也不必再盲目照搬西方商业银行整套操作规程，而是立足于弘扬中华优秀传统文化精髓，同时又不断地吸取外来文化的先进经验，创建中国特色的商业银行经营管理制度体系。同时，从人本文化的视角把两百年前中国从事存放汇兑的金融机构与当今的商业银行进行比较研究，其时间、空间都有很大的距离，要勾勒出一幅清晰的经营管理理论差异的图像，理出一套贯通古今且具文化视野的商业银行经营管理理论并为现代商业银行所借鉴，确实是一件不容易的事情。无论是历史事实的把握、经济文化的交互融合、管理理论的支撑，都有很多挑战，然而本书的作者基本上做到了。作为他的导师，我感到十分欣慰。

当然，本书缘于重心是分析研究票号的人本经营管理理念，对票号的分析占比较大,而对现代商业银行特别是对西方商业银行经营管理分析占比较小,现代商业银行优秀的经营管理理念和方法未能全面展开,所以我们还期待着作者有新的现代商业银行研究成果问世。

2012年12月26日于西双版纳

孔祥毅:山西财经大学教授,博士生导师。现任中国商业史学会名誉会长、全国高等财经教育研究会顾问、中国金融学会常务理事、山西省晋商文化基金会理事长。曾任山西财经学院院长、山西财经大学党委书记。

前 言

山西是中国商业文明的重要发祥地，山西票号作为中国早期金融机构之一，创造了汇通天下的历史奇迹。时至今日，山西票号的辉煌早已远去，但其经营管理理念和做法依然具有重要的研究价值和参考意义。

本书在分析山西票号经营管理制度形成的经济、社会和文化环境的基础上，以人本文化为视角，从企业治理、人力资源管理、经营策略、风险控制、金融文化等五个方面研究山西票号的经营管理，分析票号如何通过对人的经营管理实现业务发展和管理提升，探析其与现代商业银行经营管理异同，并从社会体系、文化层面探究山西票号与现代商业银行经营管理差异的内在原因，相对应提出中国商业银行特色发展的路径选择。

本书认为，企业治理方面，山西票号以所有者（财东）、管理者（掌柜）、职工（伙计）、客户的利益为本，紧密围绕四者之间的和谐合作构建共赢式的治理机制。人力资源管理方面，山西票号以员工的全面发展为核心，体现个人价值与票号发展目标的统一、人与社会文化的相互融合。经营策略方面，山西票号的金融创新以人本文化为根本出发点和落脚点，业务经营体现了人本文化理念的深化与延伸，同业合作与竞争促进了个人行为的理性化与规范化。风险管理方面，山西票号注重用道德约束员工，积极挖掘员工自身的道德意识，并借助于担保与宗法约束、号规约束、同业约束实现对“人”的严密管控，采取管人与内控相结合的方法，以管人为风险管控的核心抓手，辅之以密押、水印、口令、稽核等手段，实现有效的风险控制。金融文化方面，山西票号崇尚以义制利、中和之道、和衷共济的传统文化，注重履行社会责任，注重经营者修齐治平素养的培养。

本书认为，从根本上讲，山西票号的经营管理核心是以人为本，以所有者（财东）、管理者（掌柜）、职工（伙计）、客户为本，各项经营管理活动的出发点和落脚点均为“人”。而商业银行的经营管理核心则为价值创造，以利益最大化为本，弱化了对“人”的关注。两者存在显著差别。

针对山西票号与现代商业银行经营管理差异的深层次原因，本书认为在社会层面，农业社会与工业社会、信息社会间的差异决定了票号与现代商业银行经营管理在侧重点、方法和核心理念的不同；在文化层面，票号与现代商业银行秉承的价值观不同，票号的价值观是以义制利，文化基础是以儒家思想为代表的中国文化，而现代商业银行的价值观是利益至上，所对应的文化基础是西方文化，价值观的不同衍生了其经营管理核心的差异。

本书认为现代商业银行在发展中存在过度追求经济利润而忽视社会责任与人文关怀的倾向。建议中国商业银行应该以人为本，中西结合，融会贯通，在引进西方商业银行的先进发展模式和经验的同时，继承中国传统金融中的经营管理理念、金融文化精华，走出一条中国现代商业银行特色化发展新路。

目 录
Centennts

1 导论

1.1 选题背景 / 3

1.2 文献综述 / 6

1.2.1 国外文献综述 / 6

1.2.2 国内文献综述 / 6

1.3 研究视角、研究思路和研究方法 / 12

1.3.1 研究视角界定 / 12

1.3.2 主要研究思路 / 14

1.3.3 研究方法 / 16

1.4 创新与不足 / 17

1.4.1 创新 / 17

1.4.2 不足 / 18

2 山西票号经营管理制度的形成环境及基本构架研究

2.1 山西票号经营管理制度形成的经济环境 / 21

2.1.1 中国商业革命与山西商人 / 21

2.1.2 商品经济发展对异地资金调度的要求 / 27

2.1.3 当铺、印局、账局、钱庄对山西票号经营管理制度的影响 / 29

2.2 山西票号经营管理制度形成的社会环境 / 33

2.2.1 政治动荡与社会变革 / 34

2.2.2 外国侵入与本土落后 / 36

2.2.3 近代民族工商业的兴起与发展 / 38

2.3 山西票号经营管理制度形成的文化环境 / 40

2.3.1 传统文化与山西票号的商业伦理 / 40

2.3.2 传统文化与山西票号的经营智慧 / 42

2.3.3 传统文化与山西票号的管理哲学 / 43

2.4 山西票号经营管理制度的基本构架 / 45

2.4.1 山西票号经营管理的最具特色方面 / 45

2.4.2 本书研究山西票号经营管理的总体框架 / 48

2.5 本章小结 / 49

3 人本文化视角下的山西票号企业治理机制研究

3.1 产权制度 / 53

3.1.1 股份合作 / 53

3.1.2 委托代理与两权分离 / 56

3.2 激励约束机制 / 59

3.2.1 人身股 / 60

3.2.2 倍本制 / 62

3.3 组织架构 / 65

3.3.1 联号制 / 65

3.3.2 总分号制 / 67

3.4 本章小结 / 71

4 人本文化视角下的山西票号人力资源管理研究

4.1 选拔机制 / 75

4.1.1 新员工选拔制 / 75

4.1.2 宗法约束 / 77

4.1.3 铺保制 / 78

4.2 训育机制 / 80

4.2.1 学徒制 / 80

4.2.2 品德教育 / 82

4.2.3 业务技能训练 / 83

4.2.4 特殊技能培训 / 85
4.3 薪酬激励机制 / 86
4.3.1 薪酬制度 / 86
4.3.2 福利制度 / 93
4.3.3 社会保障 / 95
4.3.4 身股晋升 / 99
4.4 本章小结 / 101

5 人本文化视角下的山西票号经营战略研究
5.1 金融创新 / 105
5.1.1 金融工具创新 / 105
5.1.2 金融机构创新 / 107
5.1.3 金融业务创新 / 109
5.1.4 金融技术创新 / 113
5.1.5 金融制度创新 / 115
5.2 业务经营 / 118
5.2.1 产业资本与银行资本结合 / 118
5.2.2 分支机构的资本金拨付 / 122
5.2.3 资金随社会需求而松紧 / 123
5.2.4 分支机构间的业务资金调度 / 125
5.3 同业竞争与合作 / 128

5.3.1 同业竞争 / 128

5.3.2 行会自律 / 131

5.4 本章小结 / 134

6 人本文化视角下的山西票号风险控制研究

6.1 风险管控以管人为抓手 / 137

6.1.1 用人：以懂得信义为依据 / 137

6.1.2 分号：以结利疲账定功过 / 142

6.2 建立风险控制机制 / 145

6.2.1 建立风险基金 / 145

6.2.2 宗法与担保 / 147

6.2.3 市场动向跟踪 / 148

6.2.4 财务稽核 / 149

6.2.5 安全支付 / 155

6.2.6 严格号规 / 156

6.3 管理流动性风险 / 158

6.3.1 酌盈济虚 / 158

6.3.2 信约公履制度 / 161

6.4 本章小结 / 164

7 人本文化视角下的山西票号金融文化研究

7.1 关公崇拜 / 169

7.1.1 山西票号的关公崇拜与义利伦理 / 169

7.1.2 现代金融企业的道德缺失 / 173

7.2 善待相与 / 176

7.2.1 山西票号善待相与与中和之道 / 176

7.2.2 现代金融企业的自我中心文化 / 179

7.3 同舟共济 / 182

7.3.1 山西票号同舟共济体现的社会责任意识 / 182

7.3.2 利润不应当是现代商业银行的唯一目标 / 187

7.4 修齐治平 / 192

7.4.1 山西票号经营者的修齐治平素养 / 192

7.4.2 现代金融企业的文化理想缺失 / 195

7.5 本章小结 / 199

8 山西票号经营管理研究的理论结论

8.1 关于社会背景的理论总结 / 204

8.1.1 农业社会与工业社会、信息社会比较 / 204

8.1.2 山西票号与农业社会 / 206

8.1.3 现代商业银行与工业社会、信息社会 / 208

8.2 关于价值观与文化基础的理论总结 / 210

8.2.1 中国文化与西方文化比较 / 210

8.2.2 山西票号与中国文化 / 212

8.2.3 现代商业银行与西方文化 / 214

8.3 中国商业银行引进和继承的理论总结 / 216

8.3.1 引进与继承的关系 / 216

8.3.2 中国商业银行的引进与继承 / 217

8.4 现代商业银行持续发展战略的理论总结 / 219

8.4.1 社会责任 / 219

8.4.2 人文关怀 / 221

8.5 中国商业银行特色发展的总体原则 / 223

8.5.1 中西结合与融会贯通 / 223

8.5.2 引进先进与继承精华 / 225

8.6 中国商业银行特色发展的具体策略 / 226

8.6.1 人本文化落实到经营管理全过程 / 226

8.6.2 社会责任履行与银行发展相融合、相促进 / 228

8.6.3 创造中国商业银行特色金融文化 / 229

参考文献 / 232

后记 / 240

1

导论

The research of Shanxi Exchange's management based on
the analysis perspective of humanistic culture

道光初年（1823年），平遥日升昌票号创立，此后，山西票号在长达一个世纪的历史中，通过经营存、放、汇、兑业务，曾一度执中国金融界牛耳，谱写了早期中国银行业的辉煌，在中国银行史乃至世界金融发展史上具有重要历史地位。山西票号能够取得如此成就，正是靠着以人为本的做法，通过经营管理人而实现票号的发展目标。而现代商业银行的经营管理理念基本来自西方，按照理性经济人的假设以利益最大化为经营目标，尽管拥有先进的技术和制度，但是却缺失最应该具备的道德和人格理念，这使得商业银行面临很大的道德风险。2008年以来爆发的金融危机，从根本上说很大程度上是由于人的道德缺失而引起的。因此，现代商业银行的经营管理不应该仅仅体现在技术、制度层面，而应该与作为内在支撑的文化密切相连。只有真正地把优秀的文化理念植根、融合于日常经营管理之中，才会形成具有中国特色的商业银行，才会实现商业银行的可持续发展。

1.1 选题背景

2008年美国次贷危机爆发，直接引起全球性的金融危机，速度、数量、影响是不可预计的。首先是住房贷款人到期不能还本付息产生了债务危机，其次是各大相关金融机构受债务危机的影响不能及时变现资产产生了流动性危机，最后直接导致人们对金融机构、金融活动质疑从而产生信用危机，这种连锁效应引起社会对金融业的广泛关注。现代商业银行作为金融业的重要组成部分，与金融危机的爆发有着密切联系。金融危机过后，我们需要反思商业银行的经营管理方式，如何在今后不断完善，从而实现稳健经营和可持续发展。

目前来看，现代商业银行的经营管理水平虽然在不断地提高，但是，银行以人为核心、以人为本的经营管理理念在企业治理、人力资源管理、经营策略、风险控制以及金融文化等方面所发挥的作用还十分有限，而山西票号的经营管理则处处体现了以人为本的思想。俗话说，以史为鉴可以知兴衰，站在当前现代金融发展的大背景下，重新研究审视山西票号的人本文化经营管理思想，以期为现代商业银行的持续发展提供启示具有重要的理论和现实意义。

17世纪中期起，中国商品市场交易频繁，山西商人从南方买入茶叶、绸缎、药材、瓷器等到北方市场交易，或者从北方买入人参、貂皮、牛马、毛皮、呢绒等到南方市场交易。商品经济、工商业与金融业三者的发展息息相关，商品经济的发展必然引起工商铺户的兴盛，为工商铺户提供服务的金融业（票号）才会顺势而出。1823年，山西平遥的日升昌票号开业，第一个开始了汇兑买卖，被称做中国现代银行之父。最初，山西票号仅为一区域性的民间私营金融机构，随着时间推移，与其交往的客户层面逐渐扩大。先是全国各地的工商铺户，再到各级官府，最后与外国在华银行也建立了关系。山西票号在业务快速发展的同时，在经营管理上也并没有遇到压力。1883年，由上海爆发的金融危机波及全国，江南阜康钱庄绝大部分歇业，北京钱庄连倒16家，银根缩紧，经济萧条，严重影响了各地百姓的生活。山西票号却凭借其独特的经营管理制度和理念，在危机中不仅未受到大的打击，反倒迎来新的高峰。这是值得现代商业银行所借鉴和思考的。

山西票号的经营管理理念以儒家思想和中国传统文化为基石。一方面，山西票号产生发展于封建社会与儒家思想盛行的大环境下。先秦时期，中国传统的儒家思想已经初步形成，孔子、孟子构建出更加完善的儒家“仁、义、礼、智、信”思想体系，并逐步推广，被世人所接受。西汉时期，董仲舒提倡“罢黜百家，独尊儒术”，大力推广儒家思想，之后又吸收了道家、墨家等学派的思想，使之成为系统而开放的思想体系。到了明清，在先后吸收两汉经学、宋明理学之后，儒家文化改变作风，积极入世，加入了新的内涵。随着时代的变迁，尽管儒家文化的特点在不断变化，但是其忠义、诚信、仁爱、中庸的核心价值观始终贯穿主线，对山西票号经营管理制度具有深远影响。另一方面，票号财东、经理和员工深受儒家克己、忠义、仁爱、诚信思想的熏陶。

票号对子弟和员工教育的主体文化是儒家文化,以《论语·颜渊》中的“克己复礼为仁”为克制私欲标准,以勤俭廉洁为美德;以《荀子·尧问》中的“忠诚盛于内,贲于外,形于四海”为重视义气标准,以爱号敬业为美德;以《论语·卫灵公》中的“己所不欲,勿施于人”为乐善好施标准,以仁爱厚德为美德;以《论语·为政》中的“人而无信,不知其可也”为信义当先标准,以诚信名誉为美德。这体现了山西票号人以克己之心、忠义之心、仁爱之心、诚信之心为修身养性目标。所以票号人的思想单纯质朴,一心为票号和顾客服务,形成了符合自身发展的独特的企业文化思想。而这种思想的精髓是文化与企业的结合、文化与人的结合,即以传统文化作为主线,以人作为根本,体现关注人、重视人、崇尚人、关爱人的人本主义理念,最终实现人与企业的完美结合。

现代商业银行在经营管理方面与山西票号存在诸多相似之处,而后者取得的成功与前者在金融危机中遇到的种种问题构成鲜明对比,引发出一种思考:传统文化理念及人本主义思想对现代商业银行发展应具有的重要性,进言之,现代商业银行在企业治理、人力资源管理、经营管理、风险控制以及金融文化等方面能否更趋人性化。基于此,本书从人本文化视角对山西票号经营管理进行分析研究,以期为现代商业银行的发展提供更多借鉴参考,为建立更适合于中国现代商业银行的经营管理制度和金融文化体系提供启示。

1.2 文献综述

1.2.1 国外文献综述

西方人对票号的研究开始于外国传教士。1905年，英籍传教士艾约瑟出版了《中国银行与物价》一书，其中简要介绍了山西票号的建立情况；英国学者瓦格尔在《中国金融与银行》一书中，认为世界上近代汇票和贴现办法是“山西票庄首先倡用的”。

日本方面也有一些关于山西票号、山西商人的论著、论文和调查资料。1907年，日本出版的《支那经济全书》中称山西票号为中国的国家银行，而各地钱庄则为地方银行。佐伯富发表了《清朝的兴起与山西商人》(《社会文化史学》，1966年第1期，1974年10月编入《中国史研究》第2辑)、《清代塞外的山西商人》(东方学会创立25周年《纪念东方学论集》，1972年11月版)、《清代山西商人和内蒙古》(《藤原弘道先生古稀纪念史学佛教学论集》，1973年11月版)、《清代山西商人》以及《山西商人的起源和沿革》(日本东方学会主编《东方学》，1979年7月)，以上论著对于山西商人的起源、形成和发展及其社会经济与政治背景，作了系统的研究，并探讨了晋商的营业范围、活动区域以及资本与获利情况等问题。

1.2.2 国内文献综述

20世纪20年代，国内出现了一批关于票号的史料汇编、调查报告、论文、论著。马寅初先生在当时的《东方杂志》和《银行周报》上发表了一些关于山西商人和票号的文章，李宏龄的《同舟忠告》（民国六年太原监狱石印）和《山西票商成败记》（民国六年太原监狱石印）对山西票号盛衰的原因进行了初步探讨。同时，也出现了一批关于山西票号的调查资料和研究论文，如韩业芳的《山西票庄皮行商务记》（民国十年煤油印），双一的《中国各省钱业调查录·山西省》（《钱业月报》第二卷第十二号），严慎修的《晋商盛衰记》（民国十二年铅印），东海的《记山西票号》（《银行周报》第一卷第七、八号连载），范椿年的《山西票号之组织及沿革》（《中央银行月报》第四卷第一号），卫聚贤的《山西票号之起源》（《中央银行月报》第四卷第六号）、《山西票号之最近调查》（《中央银行月报》第六卷第三号至第七卷第二号连载）和《山西票号史》（中央银行经济研究处，1944年出版），秦省如的《山西票庄在今昔经济上之地位》（《钱业月报》第十五卷第七号），陆国香的《山西票号之今昔》（《民族》第四卷第三期）和《山西之当质业》（《民族》第四卷第六期），蒋学楷的《山西省之金融业》（《银行周报》第二十卷第二十一期），侯兆麟的《近代中国社会结构与山西票号》（《中山文化教育馆季刊》1936年冬季号），李渭清的《山西太谷银钱业之今昔》（《中央银行月报》第六卷第二号）。20世纪三四十年代，陈其田先生所著的《山西票庄考略》中主要介绍了山西票庄起源的传说、沿革、衰落、派别和组织、营业概况、对外关系等内容，卫聚贤先生所著的《山西票号史》对票号的前身、产生原因，山西太谷帮、祁县帮、平遥帮票号的基本情况，票号中的资本、人员、待遇、账簿、号规等情况以及人事和业务等进行了描述。这两部著作运用大量史料全面评价了票号对中国近代社会经济发展的影响,可能是中国学者关于票号研究的最早的史料性研究成果,成为后人研究山西票号的重要史料来源，但仅仅是对票号资料的汇集，未能进行深入研究。

1982年6月，在山西太原举行的新中国成立以来首次山西票号学术讨论会上形成了《山西票号研究集》第一辑，主要讨论山西票号的资本属性。学者观点分为两派，以孔祥毅教授为代表的大多数学者称山西票号资本为高利贷资本。孔祥毅教授关注于山西票号与官场的联系，其代表作为《山西票号与清政府的勾结》，他认为“票号的蜕化是其衰亡的根源，票号这种专门从事汇兑的金融机构，是随着商品交换的发展和货币流通的扩大而产生的，而且它本身又是从商业中直接分离出来的。但是它在19世纪50年代以后与官吏勾结、攀结政府，钻进了财政体系之中，脱离了产生它自身的商品经济。随着清政府财政危机的加深，票号也就逐渐走向衰亡”。而以黄鉴晖先生为代表的少数派坚持其为近代借贷资本。

1986年，孔祥毅教授发表《近代史上的山西商人与商业资本》[1]，推动了票号研究的进一步深化。人民银行山西省分行和山西财经学院在全国范围内收集整理了大量关于山西票号的史料，于1990年由山西人民出版社出版发行了多达110万字的大型史料著作——《山西票号史料》，极大地填补了山西票号研究

① 《近代的山西》，山西人民出版社，1986年。

中史料的空白，书中收集了关于票号的大量历史资料，是票号研究的第一本史料性的专业工具书。这一时期，山西著名学者张正明、葛贤惠等专家编撰的《明清晋商资料选编》及其相关成果也相继出版。这些成果的产生，标志着票号研究开始受到国内外学者的高度重视。

20世纪90年代前中期，孔祥毅教授和张正明研究员在《山西日报》发表了共同撰写的《山西商人及其历史启示》一文，这一时期，票号研究达到一个高潮。山西财经学院著名学者黄鉴晖先生的《山西票号史》《中国银行业史》及山西师范大学史若民先生的《票商兴衰史》也是票号研究很有影响力的专著。黄鉴晖先生于1992年出版的《山西票号史》，对山西票号的发展历程做了明确的时间划分，并详细地分析研究了山西票号在不同发展时期的经营状况、盛衰原因。史若民先生在其专著《票号兴衰史》中详细地说明山西票号的兴起、发展、衰败的历史过程，肯定地阐述了山西票号的业务情况、组织制度及其重要地位与作用。董继斌、景占魁等在《晋商与中国近代金融》一书中提出山西票号是现代金融的开端，它所创造的两权分离制度、风险防范制度、转账和异地结算制度、票据和贴现、汇票的防伪技术以及顶身股制度等在当时的社会时代很具有创新性。

1993年，山西省在社会各界推动下成立了晋商文化研究会。1995年，山西财经学院晋商与金融史研究中心正式成立，2006年更名为山西财经大学晋商研究院。这一时期，票号研究具有代表性的成果是：孔祥毅教授的《金融贸易史论》（中国金融出版社）、《金融票号史论》（中国金融出版社）、《晋商与金融史论》（经济管理出版社），三部史论对山西商人、山西票号发生发展、票号与清政府的关系以及明清时期山西货币商人的金融创新等方面进行了系统论述。山西省社会科学院张正明的《晋商兴衰史》，以历史眼光考查了山西票号在晋商演变中的地位与作用，并分析了山西票号衰败的原因。在《晋商与经营文化》一书中，张正明对晋商经营理念也做了详细介绍。中国社会科学院张国辉在《晚清钱庄和票号研究》一书中重点进行了中国钱庄与山西票号的对比研究，尤其以两者在上海的相互交融、互相竞争为考查重点。

2004 年，山西省教育厅在山西财经大学建立人文社科重点研究基地，即山西财经大学晋商研究院。同时，山西省社会科学院成立了晋商研究中心，山西财经大学成立了文化旅游产业研究中心，票号研究逐渐被列入重点研究领域。这一时期，《山西票号史料》（修订版）正式出版，山西各市《晋商史料全览》发行，另外还有黄鉴晖的《山西票号史》（修订版）、刘建生的《明清晋商制度变迁研究》、李永福的《山西票号研究》、张桂萍的《山西票号经营管理体制研究》等一系列著作和研究生论文，公开发表的相关学术论文 500 余篇，票号的研究力度不断加大。

通过以上文献可以看出，对山西票号的研究大致包括几个方面：一是研究票号的起源、发展以及衰败的原因；二是研究山西票号兴亡的历史过程及其在中国近代金融史上的地位和作用；三是探索票号的业务经营管理和企业制度，如经营管理策略、行会制度和组织制度、财务与稽核制度等；四是探讨票号的伦理价值观念。总之，票号的研究非常有现实意义，研究领域非常广泛，“对票号的研究，绝不是几本书、几篇文章能够完成的，需要全国和山西不同领域学者的共同努力”[①]。本书将从另一个视角，即人本文化的视角，对山西票号经营管理进行研究，适当与现代商业银行进行比较分析，为其提供借鉴启示。

在人本思想方面，马克思以辩证唯物主义世界观为前提，以历史唯物主义为基础，全面阐释人的本质、人的价值和人的解放，他关于人本思想的观点是在对西方人本主义批判性继承的基础上不断完善和发展的。马克思认为，首先，人是社会历史的主体，个人构成了社会最基本的逻辑起点，社会发展实际上就是人的发展，人是社会的主体。其次，人是目的与手段的统一，其基础在于现实的人，马克思所理解的人，始终是现实的从事实际活动的人，因而人是处于一定社会关系中的人。再次，人的全面发展是社会发展的终极价值和目标，是一个不断超越、不断提高的永无止境的推进过程，实现人的全面发展，是以人为本的最高标准。最后，人的自由发展离不开现实条件的束缚。马克思主张人本思想，但并不认为人可以超越历史和现实的条件，任由个人支配一切，而是只能在特定的现实环境限定的条件下从事活动。“人们自己创造自己的历史，但是他们并不是随心所欲地创造，并不是在他们自己选定的条件下创造，而是在直接碰到的、既定

① 白钦先在2002年山西票号国际学术会议上的发言，山西太原，2002年7月12日。

的、从过去承继下来的条件下创造。”①马克思人本观点是从根本上阐明了人的本质、人的价值，以及人在社会活动中从事的实践活动，从而为本书进行人本文化视角的分析奠定了理论基础。

1.3 研究视角、研究思路和研究方法

1.3.1 研究视角界定

文化是人们在改造客观世界、协调社会关系、调节自身情感的过程中所表现出来的时代特征、地域风格和民族样式，是推动社会发展的重要精神力量。在社会生产诸要素中，人是最活跃、最核心的因素，它与其他生产要素结合的优劣，直接影响着生产力的发展进程。人作为文化的主体，是文化活动中的决定因素，文化的本质属性是人本性。人本文化就是以人为价值本位的主体文化，它是人的价值创造活动的观念内化，是人类文化发展的自觉形态，也是人类活动主体性特征的集中体现。

本书是从人本文化的视角对山西票号经营管理进行研究。首先，人本文化的核心是以人为本。企业是由人组成的，人是企业经营管理的主体，人是生产力诸要素中最具主观能动性的因素。以人为本，一方面是以个人为本，个人是企业构成的元素，这里的人包括与企业有关系的内外部所有人，企业的活动首先是个体行为的总和，只有通过重视个人的发展才能达到企业经营发展的

① 马克思、恩格斯：《马克思恩格斯全集》第1卷，人民出版社，1979年，第270页。

目的；另一方面，由于个人在社会中的实践活动必然要与社会其他群体发生关系，群体活动是个人活动构成的，因此，以人为本还包括群体的概念，而不只是个人。以人为本就是始终把人放在核心地位，就是要尊重人、理解人、关心人，充分调动人的积极性和创造性，通过经营管理好人来发展企业。

其次，人本文化包括人的行为与社会、企业制度的相互融合。无论个人还是群体行为，都是在一定的社会制度的规范下从事实践活动的，社会制度包含企业内部的制度规范以及外部的社会制度文化，二者统一于人的各种行为中。人的各种行为在制度规范的约束下进行，制度规范随着人的认识和实践活动而不断完善和更新，使各种活动有序进行，促进企业发展。

再次，人本文化包括人与社会、企业文化的相互融合。企业文化首先是和社会文化相互影响，相互融合的。企业文化渗透在企业经营的各个层面，最终通过人的活动表现出来。个人行为与群体行为都是与社会文化和企业文化相互交融的，通过彼此之间的适应与渲染，促进社会、企业文化的影响力不断加大。同时，社会文化和企业文化又潜移默化地影响到人的行为，引导其行为更加理性、规范。

最后，人本文化包括人与企业最终发展目标的统一。企业为了实现组织目标，必然通过内部组织管理、业务经营改善、对外关系提升等方面不断努力，而这些措施的最终实施还是要靠人来完成。所以，企业为了更好地实现发展目标的同时，应注重对人的目标的实现，不仅要制订发展目标，更应该从人的角度考虑，制订个人发展目标，使二者更好地结合起来，最终实现人的发展与企业发展的统一。

通过以上对人本文化分析，可以看出人本文化体现在企业经营管理的各个方面，并最终通过人的行为表现出来。所以，以人为本的核心是人，人既作为经营管理的载体，又作为目标，企业通过经营人来实现业务发展，最终实现人的发展与企业发展的统一。

1.3.2 主要研究思路

本书共分八章，首先分析票号经营管理制度形成的经济、社会和文化环境，在此基础上提出本书研究山西票号经营管理的基本维度和总体构架；其次是以人本文化为视角，通过从企业治理机制、人力资源管理、经营策略、风险控制、金融文化等五个方面分析山西票号的经营管理，研究山西票号是如何通过对人的经营管理实现业务发展和管理提升；最后从社会体系、文化层面探究山西票号与现代商业银行经营管理异同的内在原因，指出现代商业银行欠缺的内容，提出中国商业银行特色发展的路径选择。

第一章是导论，主要介绍了本书的选题背景、研究视角、研究思路、研究方法和创新与不足。其中，研究视角部分明确了本书是以人本文化视角分析山西票号的经营管理。

第二章主要介绍了山西票号经营管理制度形成的经济环境、社会环境和文化环境，并在此基础上引出了本书研究山西票号经营管理的基本维度和总体框架。通过环境介绍，指出山西票号所处的历史背景，提供前提支持，继而界定本书研究山西经营管理的五个维度，为后续章节确立框架。

第三章主要从人本文化视角研究山西票号的企业治理机制。企业治理机制包括产权制度、组织架构、激励约束机制三个方面。票号采取的委托代理、两权分离、联号制以及顶身股的激励机制，都说明票号在企业治理机制方面具有以人为本的设计，值得现代商业银行借鉴。

第四章主要从人本文化视角研究山西票号的人力资源管理。人力资源管理包括选拔机制、训育机制以及激励约束机制。票号所采取的新员工选拔制、宗法约束、铺保制首先从源头上确保了票号选拔人才的可塑性；而通过学徒制、品德教育、业务技能训练与特殊技能训练的训育机制则保证了人才的实用性；再通过薪酬制度、福利制度、社会保障、身股晋升的激励制度使得票号能够留住人才，为长远发展奠定了坚实的人才基础。通过本章的分析可以看出，山西票号的人力资源管理也体现以人为本的思想理念，通过对员工的重视、关爱，使得员工能够全面发展，实现员工与票号的共同发展，这是现代商业银行应该借鉴的地方。

第五章主要从人本文化视角研究山西票号的经营策略。经营策略包括金融创新、业务经营、同业合作与竞争。票号创造了无数金融第一，包括金融工具、金融机构、金融业务、金融技术、金融制度创新；业务经营方面通过“酌盈济虚，抽疲转快”，资金随社会需求而松紧，实现业务发展；而同业合作与竞争使票号通过对外关系的建立与维护带动业务发展。从人本文化的视角看，票号业务经营正是通过对人的经营而实现的，所以经营好人才能经营好业务，这是现代商业银行应该借鉴的地方。

第六章主要从人本文化视角研究山西票号的风险控制。风险控制包括用人方面、风险机制、流动性管理。票号以义制利，通过从建立风险基金、密押制度、宗法与担保、市场动向跟踪、财务稽核、安全支付、严格号规以及信约公履制度等几个方面进行风险控制，确保了票号的审慎经营。现代商业银行可以借鉴票号的风险管理经验，确保审慎经营。

第七章主要从金融文化方面进行分析。山西票号的关公崇拜与义利伦理，善待相遇与中和之道，同舟共济体现的社会责任意识，经营者的修齐治平素养等方面蕴含着票号的金融文化。山西票号以人本为特色的金融文化具有一定的先进性，现代商业银行应该借鉴票号的文化塑造，提升软实力。

在对前七章总结的基础上，第八章从社会体系层面、文化层面探究了山西票号与现代商业银行经营管理异同的根源，分析了引进与继承间的关系，指出了现代商业银行普遍欠缺的内容，最后提出中国商业银行应该以人为本，中西结合，融会贯通，引进先进，继承精华，走出一条中国现代商业银行特色化之路。

1.3.3 研究方法

本书主要采用归纳推理和史料文献研究的方法，另外适当运用比较分析法。

归纳推理法的运用体现在全文的研究视角人本文化上，将山西票号五个维度的经营管理经验置于人本文化的视角下进行分析，归纳总结出山西票号的人本文化核心理念，推理出中国现代商业银行走出特色发展之路的总体原则和具体策略。

文献研究法是根据一定的研究目的或课题,通过调查文献来获得资料,从而全面地、正确地了解、掌握所要研究问题的一种方法。本书高度重视山西票号史料文献的挖掘、整理、汇总、使用,通过历史文献研究法,总结出山西票号发展的历史经验和经营管理的优秀做法，为现代商业银行提供借鉴。

比较分析法体现在山西票号与商业银行的比较研究方面,比较两者在企业治理、人力资源管理、经营策略、风险控制、金融文化等方面的差异,分析差异产生的原因和各自优劣势。通过比较分析，得出山西票号值得现代商业银行借鉴的优秀做法。

1.4 创新与不足

1.4.1 创新

第一,本书最大的创新在于山西票号研究视角的独特性,以人本文化为视角。全书以人本文化为主线,在企业治理机制、人力资源管理、经营策略、风险控制、金融文化五个具体方面对山西票号的经营管理进行分析，说明山西票号在五个方面的经营管理均是以人为本,着重分析山西票号注重人本的优秀做法,指出山西票号将人本文化融入经营管理是取得辉煌的重要原因。

第二，本书通过人本文化视角的分析，认为山西票号人本文化的核心是经营管理“人”，包括山西票号所有者（财东）、管理者（掌柜）、职工（伙计）、客户，正是通过对人的经营管理才实现山西票号各项业务的发展，从而实现山西票号最终的辉煌成就。

第三，本书认为山西票号根植于农业社会，服务于农业社会背景下的工商业阶级和统治阶级，其价值观为以义制利，文化基础是以儒家思想为代表的中国文化；而现代商业银行起源于工业社会，如今已迈入信息社会，其秉承的价值观是利益至上，所对应的文化基础是西方文化。两者因不同的社会背景、价值观、文化基础衍生了经营管理的差异。

第四，本书通过对山西票号与现代商业银行经营管理的比较研究，认为现代商业银行的发展存在过度追求经济利润而忽视社会责任与人文关怀的倾向。因此，中国商业银行的发展应该中西结合，融会贯通，引进先进，继承精华，将人本文化落实到经营管理全过程，将社会责任履行与银行发展相融合、相促进，创造出诚信为本、以义制利、和谐为基、创新为核的特色金融文化，真正走出有中国特色的商业银行发展新路。

1.4.2 不足

本书是在人本文化的视角下研究山西票号的经营管理优秀做法，目的是想通过对山西票号的分析，为现代商业银行的发展提供借鉴和启示。因此，本书的主体是分析研究山西票号的人本经营管理理念，关于山西票号的内容在全书占较大比例，而对现代商业银行经营管理的阐述内容占比较小。如今，现代商业银行有很多优秀的经营管理理念和做法，本书未能充分体现，这是本书的不足之处，需要后续研究补充。

2

山西票号
经营管理制度的形成环境
及基本构架研究

The research of Shanxi Exchange's management based on the analysis perspective of humanistic culture

任何事物的产生与发展，离不开其所处环境的影响。外部环境对任一事物的特征形成具有不容忽视的重要作用。山西票号的经营管理之所以具有鲜明特色和丰富内涵，与其所处的外部环境、机遇、挑战是密不可分的。

因此，研究山西票号经营管理，离不开对山西票号所处环境的分析。具体来看，山西票号所处的特定经济环境、社会环境和文化环境对山西票号的经营理念、管理哲学产生了潜移默化的影响，对当时以山西票号为首的金融业的发展、金融文化的形成有深刻作用。基于此，本章从经济环境、社会环境、文化环境三个方面分析山西票号产生发展的历史环境，探究其对山西票号经营管理的影响，在此基础上，界定本书研究山西票号经营管理的基本维度和总体构架。

2.1 山西票号经营管理制度形成的经济环境

经济环境主要是指一个国家或地区的经济发展水平、经济制度、经济结构等内容。山西票号所处的经济环境是中国从农业社会向工业社会转型的过渡期。在此阶段，商业发展尤其迅速，商业革命顺利发生，对货币流通、金融机构的发展提出了新的要求。山西商人把握此次机遇，在借鉴当铺、账局、印局等金融机构经验做法的基础上创新发展了山西票号，形成了山西票号的经营管理制度。

2.1.1 中国商业革命与山西商人

山西票号之所以发生在清中期，与明清时期中国商业革命的发生是紧密相关的。商业革命的发生使得商业发展突飞猛进，商业的发展对金融业提出了更高更新的要求，山西票号顺应这一发展趋势，应运而生。票号之所以能够最早出现在山西，与明清时期山西商人在中国商业中所处的地位及所起的重要作用是分不开的。山西商人经营商业手工业、早期金融机构取得重大成功，在此基础上创造性地设立山西票号这一主要从事异地款项汇兑的新金融机构，是水到渠成、顺理成章的。

从明中期到清晚期，中国发生了一场商业革命，这场商业革命是中国几千年来农业文明发展到一定阶段的必然产物，其主要变革表现在：农业、手工业商品化程度大大提高；一大批商业城市陆续兴起；国际商路广泛扩展；商业、手工业组织企业化。在这场商业变革中，山西商人发挥了主导性作用，成为商业革命的重要参与者和推动者。

（1）中国商业革命的主要表现

第一，农业、手工业商品化程度大大提高。中国封建社会的农业、手工业发展到明清时期已逐渐摆脱自给自足的束缚，更多地体现出商品化的特征。从工矿业来看，1405年（明永乐三年）~1434年（明宣德九年），铁产量由114万斤增加到833万斤，增长近7倍。1461年（明天顺五年），仅山西阳城一县的铁产量就达到700万~900万斤，相当于1444年全国的铁产量①。从农业上看，鸦片战争前全国粮食产量中商品粮约占10.5%，值银16333.3万两；全国棉花国内市场商品量316万担，其中减去进口商品棉60.5万担，国产棉花商品量255.5万担，占当时产量的26.3%，值银1277.5万两；全国棉布消费量中，国产棉布自给占47.2%，国产棉布商品量占52.8%，值银9455.3万两；全国丝产量中，商品量占92.2%，值银1202.3万两；全国茶叶国内消费量200万担，出口茶60.5万担，茶叶产量等于商品量，为260.5万担，值银3186.1万两；全国食盐产量也是商品销售量，为32.2亿斤，值银5852.9万两②。

第二，一大批商业城市陆续兴起。鸦片战争前，非农业人口2000万，占5%。非农业人口的快速增加和集聚促成了一大批商

①许涤新、吴承明：《中国资本主义发展史》第1卷，人民出版社，1985年。

②许涤新、吴承明：《中国资本主义发展史》第1卷，人民出版社，1985年。

业城市的兴起。据史料记载，明代宣府镇“贾店鳞比，各有名称，如云南京罗缎庄、苏杭罗缎庄、潞州绸庄、泽州帕铺、临清布帛铺，绒棉铺、杂货铺、各行交易铺沿长四五里许，贾皆争居之”[①]。至于北京，不仅商业人口众多，店铺林立，而且商业行会组织也达到很大规模。“北京的工商业会馆，成立于明中叶的很多，如山西平遥颜料商建立的颜料会馆……还有山西临汾商人建立的临汾会馆、山西潞安商人建立的潞安会馆、浙江宁波药材商人建立的四明会馆、陕西关中商人建立的关中会馆等。”[②] 到清中期，不仅南京、苏州、扬州、广州、泉州是有名的商业城市，就连张家口、包头、伊犁、库伦、科布多都成了有名的商业贸易城市。

第三，国际商路广泛扩展。东南方面重点是海上贸易，以广州、泉州、厦门、福州为中心，与交趾、泰国、马来半岛、爪哇、菲律宾、日本贸易。北方陆路贸易以恰克图、塔尔巴哈台等为中心，与俄罗斯及西亚国家进行贸易。恰克图市场在1723年（清雍正初年）贸易额为100万卢布，到1796～1820年（清嘉庆年间）增至600万卢布以上，道光、咸丰年间持续增加。从17～18世纪（明万历二十八年至清嘉庆五年），中国对外贸易的大量顺差使外国银元大量流入国内，总计13亿元左右[③]。大量白银的净流入说明了当时我国对外商路的拓展。

第四，商业手工业组织企业化。从企业组织制度看，明中期

①《宣武镇志》嘉靖版卷二十。

②李华：《明清以来北京的工商业行会》，《历史研究》1978年第4期。

③孔祥毅：《晋商与金融史论》，经济管理出版社，2008年，第199页。

以后到清中期，中国手工业、工业、商业、金融业的组织形式企业化，一是独资企业，二是合伙企业，三是股份制企业。其中山西商人设立的商号普遍采用了所有权与经营权分离的现代企业管理制度，表明当时手工业、商业组织已经具备了现代商业企业的一些组织特征。从手工业的生产看，工艺的分工化、流程的细化、生产的规模化已经逐渐接近现代企业的生产组织形式。

（2）山西商人在中国商业革命中的重要作用

在这场商业革命中，中国最活跃的商帮有晋商、徽商、潮商、洞庭商、宁波商、龙游商、陕西商、山东商、江右商等，其中，山西商人起到了主导性的作用。

第一，山西商人在商品生产中起主导作用。山西手工业生产自古就比较发达，到明清时期更是占有举足轻重的地位。山西运城的潞盐，到明清时期产量达三四百万担，行销山西以及西安、汉中、延安、南阳等11府，覆盖晋、豫、秦三省共115县数百万人口①。山西盛产煤、铁，冶铁和铁器制造非常发达。清道光年间，晋城一县有铁炉1500余座②，其产品如铁锅、铁丝、缝衣针，供应全国以及北亚地区，阳城县的铁制犁镜还远销西亚地区。丝绸方面，到明代，山西仅长治、高平、潞安3处就有织机13000多台③。清初，仅高平县年产绸缎就有3000多匹。

①南京政府实业部：《中国实业志》（山西省），1936年。

②中共山西省委政研室：《山西资料汇编》，山西人民出版社，1960年，第53页。

③《潞安府志》卷八，清乾隆三十五年版。

第二，山西商人在商品流通中起主导作用。山西商人在明清时期的商品流通中起到主导性作用，许多重要商品，如茶叶、丝绸均是由山西商人进行流通贸易的。1728年（清雍正六年），由清朝雍正皇帝与俄国叶卡捷林娜二世签订的《恰克图条约》规定中俄贸易以恰克图为主要活动中心，“大约在1845~1847年以前，平均每年从这里输走茶叶4万箱左右，1852年却达175 000箱”，“买卖货物的总价值（按照所公布的账目来看，货物定价都不高）竟达1500万美元以上的巨额”①。据《中俄贸易之统计研究》，1844年，中国对俄商品输出入分别占到全国商品输出入总额的16%和19%②，而在恰克图的茶叶贸易中，山西商人始终占据垄断地位。据衷干《茶市杂咏》记载：“清初茶叶均系由西客经营，由江西转河南运销关外。西客者，山西商人也。每家资本约二三十万至百万，货物往还络绎不绝。”山西商人从福建武夷山收集茶叶，途经汉口、襄樊、赊旗、晋中、雁门关、库伦等十几处中转地，先后经历水路、陆路最终运抵恰克图与俄商交易。不光是恰克图中俄茶叶贸易，山西商人还垄断了清朝对蒙古的贸易，以大盛魁为代表的山西旅蒙商号根据蒙古人的日常生活所需，用较为廉价的绸布、茶叶、烟酒和金属器皿及工具等，换取蒙古人的各类牧畜、毛皮等畜产品。其中大盛魁极盛时同蒙古

①马克思、恩格斯：《马克思恩格斯全集》第12卷，人民出版社，1965年，第167页。

②《山西货币商人在对外贸易中的贡献》，转引自：孔祥毅：《金融贸易史论》，中国金融出版社，1998年，第146—149页。

的贸易额年约900万～1000万两白银，每年有1500峰骆驼往来于长城和乌里雅苏台之间，从业人员达六七千人。

第三，山西商人在商业城市化和市场化过程中起到重要作用。一方面，山西商业城市在全国商业中占有重要地位。“山西商业起源很早。……秦汉两代，太原、平陆、平遥、汾阳等地都成为商品集散城市。隋唐时代，又出现晋城（泽州）、太谷、平定、大同等新兴商业城镇。……此后，专业市场，期庙集会，以及各县镇商业，亦相继发展。清光绪年间，平遥是晋中大商场，有工商业600多户。”[①] 至明末，“全国较大的商业城市有三十三个，而山西就有太原、平阳、蒲州三处”[②]。另一方面，山西商人通过自身的流通贸易促进了一系列商业城市的兴起，如在归化城，山西人占全部人口的70%，大都是以商业、手工业为生，奠定了归化城的兴起基础。再如太谷曹家发家的始祖、明末清初的曹三喜，因家庭生计困难，随人来到三座塔（今辽宁朝阳市），最初以种菜为生，后来不断发展，生意日渐兴旺。随着三座塔人口数量的增加，清光绪年间，政府正式在此设置了朝阳县，因此当地流传着“先有曹家号，后有朝阳县”。在包头城，也广泛流传着“先有复盛公（祁县乔家的商号），后有包头城”的说法。

①中共山西省委政研室：《山西资料汇编》，山西人民出版社，1960年，第260页。

②中共山西省委政研室：《山西资料汇编》，山西人民出版社，1960年，第266页。

2.1.2 商品经济发展对异地资金调度的要求

明清时期，国内商品经济有了长足发展，特别是乾隆、嘉庆后，国内商品贸易和国际贸易都在迅速发展。根据吴承明先生对鸦片战争前我国国内粮食、棉花、棉布等7种主要商品市场值的估计，当时国内市场商品流通总额应在38 762.4万两（见表2–1），人均近1两，除以上7种商品值外，还有铁、瓷器、铜3种商品值1150万两。

表2–1 鸦片战争前主要商品市场估计①

	商品量	商品值		商品量占产量比(%)
		银（万两）	比例（%）	
粮食	245.0亿斤	16 333.3	42.14	10.5
棉花	255.5万担	1277.5	3.30	26.3
棉布	31 517.7万匹	9455.3	24.39	52.8
丝	7.1万担	1202.3	3.10	92.5
丝织品	4.9万担	1455.0	3.75	
茶	260.5万担	3188.1	8.22	
盐	32.2亿斤	5852.9	15.10	
合计		38 762.4	100	

①吴承明:《中国资本主义与国内市场》，中国社会科学出版社，1985年，第251、253页。

在如此大的商品流通额中，有相当一部分商品，如棉布、丝织品、茶叶需要经过长途贩运进入国内异地市场。如此巨大的商品量流动并交易，如果依赖于传统运送现银的方式结算，其中耗费的人力、物力、财力等成本是巨大的，且运送过程中的风险也是巨大的。因此，货币流通由运送现银改为汇兑方式的需求愈加强烈。

除了国内贸易外，海上对欧美各国的贸易以及恰克图巨额换货贸易同样对新型汇兑方式提出了要求。按照进出口总额计算，1764 ~ 1784 年，海上贸易规模维持在 554 万至 700 万两之间，1785 ~ 1794 年快速增至 1294 万至 1324 万两，而到了 1819 年猛增到 2282 万两，其后，一直至 1833 年，稳定在 2200 万两至 2300 万两之间[①]。恰克图贸易总额也从 1755 ~ 1762 年的年均 71 万卢布快速增加至 1824 ~ 1833 年的 1064 万卢布[②]，70 年时间增长近 14 倍，几乎每十年翻一倍。

国内贸易额与对外贸易额的快速增长，给货币流通提出现实要求。长期以来，我国异地间的货币清算方式，一直依赖现银运送方式，镖局是现银运送的主体。这种现银运送方式不仅时间长、效率低、运送量小，更在路途中具有被劫或遗失的风险，这种风险在社会动荡年间更是大大提高。镖运现银方式与商业要求

①严中平等：《中国近代经济史统计资料选编》，科学出版社，1955 年，第 45 页；转引自：黄鉴晖：《山西票号史》（修订本），山西经济出版社，2002 年，第 33 页。

②黄鉴晖：《山西票号史》（修订本），山西经济出版社，2002 年，第 33 页。

的及时清偿及现款稳妥调拨之间的矛盾日益尖锐，因此，明清时期国内外贸易额的大量增加和商品经济的飞速发展迫切需要新的货币清算方式的出现，山西票号的汇兑方式也就应运而生了。

2.1.3 当铺、印局、账局、钱庄对山西票号经营管理制度的影响

在山西票号产生之前，山西商人经营了一系列金融机构，如当铺、印局、账局、钱庄，这些金融机构在中国商业革命中有着重要的历史地位，同时也对山西票号的产生和经营管理制度的建立产生了重要影响。

（1）当铺

当铺作为一种消费抵押信用机构，早在南北朝时就已经出现，但发展并不很快，规模也较小。明清之后，随着山西商人资本的发展，当铺也得到迅速发展。在清康熙年间，全国大约有22 000多家当铺，其中山西境内就有4700家，约占1/5[①]。1685年（清康熙二十四年）全国有当铺7695家，其中山西有1281家，占16.6%；1724年（清雍正二年）全国有当铺9904家，其中山西有2602家，占26.2%；1753年（清乾隆十八年）全国有当铺18 075家，山西有5175家，占28.6%[②]，比重呈不断上升趋势。19世纪50年代，在北京有当铺159家，其中山西人开办的当铺

①孔祥毅：《金融票号史论》，中国金融出版社，2003年，第132页。

②孔祥毅：《晋商与金融史论》，经济管理出版社，2008年，第201页。

就有109家，占68.55%。清末著名银行家李宏龄提到："凡是中国的典当业，大半是山西人经理。"① 山西当铺经营商人与山西商品经营商人密切相连，多数当铺与商号同属一个东家，相互配合、相互支持，这为后来山西商号转营山西票号起到了一定的启示作用。

（2）印局

印局，专指放印子钱的商号。"印子钱者，晋人放款之名目也。每日登门所逋，还讫盖以印记，是以得名。"② 这种早期金融机构的主要放款对象是城市贫民，另外也对部分城市小商贩提供信用。印局最早出现于明朝，到清初已比较活跃。1853年（清咸丰三年），内阁大学士、山西人祁寯藻在一份奏折中提到："窃闻京城内外，现有山西等省民人开设铺面，名曰印局，所有大小铺户及军民人等，俱向其借用钱文"③，足见当时印局在北京业务开展之广泛。他还提到："京师地方，五方杂处，商贾云集，各铺户籍资余利，买卖可以流通，军民偶有匮乏日用以资接济，是全赖印局的周转，实为不可少之事。"④ 印局主要从事高利贷放款，一般按日或者按月计息归还，放款期限比典当时间短，多以一日、十日、三十日为限，无需抵押。印局在北京、天津、汉口等相对繁华城市广泛存在。印局的发展为后期山西票号的经营提

①李宏龄：《晋商盛衰记》。
②张焘：《津门杂记》卷下。
③《祁寯藻奏稿》。
④《祁寯藻奏稿》。

供了一种理念和思路，即吸收小额储蓄资金，为个体商贩、手工业者提供小额信贷。此经营方法是对山西票号主要从事异地汇兑的重要补充。

（3）账局

账局，也称账庄，是清朝专门办理放贷取息的早期金融机构，最早由山西汾阳商人在张家口创立，创立时间大致在清雍正、乾隆之际（1723～1736年）。全国账局经营者，以山西商人为多，而山西商人中又以汾阳、平遥、太谷、祁县等地商人为多。“汾平两郡（汾州府与平阳府），多以贸易为生。利之十倍者，无如放官债，富人携资入都，开设账局。遇选人借债者，必先讲扣头。”① 账局的放款对象主要是候选官吏。候选官吏一到京，账局就设法接近，对其予以借款支持。候选官吏在京交际应酬、招待送礼，以及放得实官后赴任的一切费用全部自理，只得“富者变产，贫者借贷”②。因而，账局就经营起放官债业务，乘机勒索，“月选各官，借贷赴任，放债之人，乘间居奇，创立短票名色，七扣八扣，辗转盘剥”③。账局也经营工商业存放款业务。当时，北京工商业繁荣，商贾云集，“京城九门外，铺户何止数万”④，工商业融通资本需求旺盛，且当时京城工商业“各行店铺自本者十不一二，全恃借贷流通”⑤，因而，账局转而主

①李燧：《晋游日记》卷三。

②林起龙：《严贪吏以肃官方疏》，顺治十一年，见《皇清奏议》卷七。

③《清高宗实录》，卷五一六，乾隆二十三年四月。

④《皇朝经世文续编》，卷三十，《户政二》。

⑤《王侍郎奏议》，卷三。

做工商业存放款业务。清人王茂荫曾作如下描绘:“闻账局自来借贷，多以一年为期。五六月间，各路货物到京，借者尤多。每逢到期，将本利全数措齐，送到局中，谓之本利见面。账局看后，将利收起，令借者更换一券，仍将本银持归，每年如此。”①发展到1853年（清咸丰三年），北京有账局268家，其中山西商人开设的有210家，“账局帮伙不下万人。”②账局为候选官吏提供借款支持的做法为山西票号注重依托官府、结交官员提供了重要启示，山西票号以此为路径，建立了与清政府间的紧密联系。

（4）钱庄

钱庄，也称钱铺、钱店、钱局、钱号，由钱币兑换活动产生，最初是街市上的钱摊。明清社会流通的货币有铜钱和银块，小额交易需要钱文，大额交易需使银两，铜钱与银两之间兑换频繁，最初兑换由殷实商号代为办理，随着商品交易的扩大，专职于钱银兑换的钱摊产生。钱摊按照市价进行制钱银块兑换，从中收取手续费，也称贴费。而后，兼营代客保管货币或临时借垫，发展后设立铺面，业务范围也逐渐扩大，成为钱庄。

在钱庄开设中，山西商人势力最强，山西商人开设的钱庄遍布北京、天津、张家口、归化、包头、西宁、兰州、河南、汉口等商业重镇，如“山西祥字号钱铺：京师已开四十余座，俱有票

①《王侍郎奏议》，卷三。

②《王侍郎奏议》，卷三。

存，彼此融通”①，在归化、包头城，“银钱商人，以山西祁、太帮为最，忻帮次之，代帮与同帮又次之。故其一切组织，亦仿内地习惯办理”②。

在山西票号产生之前，当铺、印局、账局、钱庄等金融机构广泛存在，面对不同客户群体，提供不同类型的金融服务，银钱兑换、代管、存取、借贷、典当各种功能已基本存在，唯独缺少汇兑，而当时工商业的异地经营存在强烈的异地货币清算需求，因此，山西票号的产生就有很大的必然性。另外，在当铺、印局、账局、钱庄这几类早期金融机构中，山西商人经营占主导地位，且银钱业经营机构往往与商号同属一个东家，正是由于有如此浓厚的金融机构经营基础，山西商人从商号改营票号就不难理解。而在其后山西票号的经营管理中，也体现出当铺、印局、账局、钱庄的影子，尤其是账局，因此，可以说这些金融机构对山西票号的产生及其经营管理制度的完善产生了重要影响。

2.2 山西票号经营管理制度形成的社会环境

任何事物的产生、发展和衰亡都不可能离开外部社会环境的影响，山西票号也是如此。山西票号的经营管理特性正是在当时特殊的社会环境中不断磨砺形成的，本节重点分析山西票号经营管理制度形成的社会环境背景。

①清档：《朱批奏折》，咸丰三年三月二十五日，御史王茂萌奏折。

②《绥远通志稿》，卷四八，民国年间抄本。

山西票号产生的具体年代，学者们众说纷纭，莫衷一是，大体有三种说法，一说道光初年，一说康熙十八年（1679年），一说顺治十六年（1659年）。而山西票号衰亡的时间可大致认为是辛亥革命后十年间，山西票号家数逐年减少，到1921年仅存平遥日升昌，祁县三晋源、大盛川、大德通、大德恒。1932年后，名义上的最后两家山西票号大德恒和大德通也改为钱庄银号，山西票号彻底消失。若按山西财经学院与人民银行山西省分行合作的《山西票号史料》的道光初年说，其间共经历大致100年，这100年恰恰是中国社会从封建社会末期到半殖民地半封建社会，再到资本主义社会的不断变革、动荡、由盛转衰的时期，其间经历的政治动荡、社会变革、外国侵入、近代工商业在艰难中的曲折发展，都对山西票号的经营管理产生了重大影响。

2.2.1 政治动荡与社会变革

清嘉庆后，国家开始由盛转衰，其间经历的白莲教起义（1796～1804年）和太平天国起义（1851～1864年）大大削弱了清朝的统治基础。在这两次起义中，仅人口方面就损失惨重，白莲教起义前的1786年，人口3亿9110万，起义失败后，人口2亿7566万人，损失了1亿1千万人口；而太平天国运动也使中国至少损失2000万人[①]。经济损失更是不可计量，清政府为镇压白莲教起义耗费军费2亿两，折合当时4年的财政收入；镇压太

①网页资料 http://baike.baidu.com/view/24896.htm。

平天国运动更是“倾全国之力”，不惜向洋人借款。两次起义引起的社会动荡对当时社会形成重大冲击，从此以后，各类农民起义运动层出不穷，清政府统治开始处于风雨飘摇的尴尬境地，统治基础已经非常脆弱，随时可能崩塌。

在外国技术不断进入我国、中外交流愈加频繁后，清政府内的当权洋务派开展了一场洋务运动，又称自强运动。1861年（清咸丰十年底开始）至1894年，清政府内的洋务派在全国各地掀起了“师夷长技以制夷”的改良运动。清政府内的洋务派主张引进西方先进的生产技术，利用官办、官督商办、官商合办等方式发展新型工业，强兵富国，以维护清政府的统治。洋务运动为中国迈入现代化奠定了一定的基础。

在洋务运动取得一定成就的背景下，1895年，清政府内部的一些有识之士如康有为、梁启超等发动在北京应试的1300多名举人联名上书皇帝，开始主张学习西方先进的科学文化知识，为我所用，经济上发展农、工、商业，开办实业，组织商会，改革财政，促进我国早日富强，在政治主张上，谋取以变法方式改革清政府腐朽落后的统治方式，发展资本主义，建立君主立宪政体，史称戊戌变法。整个变法持续了103天，最后以失败告终。

1911年，武昌起义爆发，中国两千年来的封建君主专制统治彻底终结，是完全意义上的资产阶级民主革命，使得民主共和理念深入中国人心中，真正使中国进入一个崭新的历史发展阶段。

可以看出，山西票号发展的100多年间，正是中国政治最为动荡、阶级矛盾最为激烈、社会变革最为频繁的100多年。因而，这种外部社会环境直接影响了山西票号的经营策略和管理理念，决定了山西票号的兴起、发展与衰亡，是研究山西票号经营管理的重大历史背景。

2.2.2 外国侵入与本土落后

（1）外国侵入

1840～1842年的第一次鸦片战争和1856～1860年的第二次鸦片战争后，西方列强逼迫中国签订多个丧权辱国的条约，强迫中国开放口岸贸易，自此，西方列强开始侵入中国，彻底打破了中国几千年来封建社会自给自足的自然经济，西方列强开始向中国倾销商品，展开对中国丝绸、茶叶等农副产品的收购，中国成为西方列强的商品倾销地和原材料供应地。一方面，外国以高价大量向中国出口机器棉纺织品、鸦片等，1840～1860年，鸦片走私量比鸦片战争前40年增长了一倍多，一般商品的输华总值也在不到十年时间增长了近一倍半，获取了巨额贸易收入；另一方面，在中国开办轮船航运、修筑码头、设立商行货栈，开办各种加工企业。进口方面，以低价在我国收购大量丝绸、茶叶、棉花、大豆等中国特色产品，运出国门，最终进入国际市场，成为工业国家的原材料。到后期，外国对我国关键要害部门，如铁路、邮政、电报、矿山进行投资，控制中国的工矿业，进一步加深了中国半殖民地社会进程。

外国资本、技术的侵入，加速了中国封建社会自给自足的自然经济的解体，在一定程度上促进了商品经济的发展，同时也在一定程度上为中国资本主义的发展提供了一定的条件和可能，但其对中国传统经济秩序的破坏和对中国经济利益的侵略是毋庸置疑的。

（2）本土落后

山西票号产生、发展和衰亡的一百年，正逢西方列强进入中国，迫使中国沦为半殖民地半封建社会的时期。而此时，中国本土在技术、通信、交通等方方面面的落后是显而易见的，与西方列强形成鲜明对比。当时，农业方面，传统农业的工具设施、人均耕地、劳动生产率远远落后于西方国家的大批量化和机械化的农业生产，致使我国的棉花等农作物的单产量大大低于西方国家，在竞争中不具备成本优势，逐渐失去国内市场。工业方面，当时我国依然处于小生产者、手工业者聚集的时期，工厂化生产尚未形成，生产技术停留在手工阶段，生产产品只能是一些初级工业品。

在通信方面，官方公文依赖于驿站传递，而驿站不理民事，造成民事通信一直处于不通的落后状态。进入近代以后，随着商品经济的初步发展，出外经商做工的人数不断增加，民间通信的需求愈加强烈，通信不便严重制约了异地商品交易和商品生产的发展，因而促成了道光年间民信局的产生与发展。民信局在多地设有字号，字号间相互寄送信件，这就初步解决了商民无法传递书信的难题，但总体而言，通信条件依然落后。交通方面，更是如此。中国铁路是在1881年才首次建设，交通发展缓慢在一定程度上制约了异地贸易的发展。

2.2.3 近代民族工商业的兴起与发展

19世纪六七十年代，在外国资本主义侵入中国的背景下，国内洋务派引进西方先进生产技术创办早期民族工业，当时一些官僚地主、商人也纷纷投资建立了现代企业，兴起了中国的民族工商业，也出现了中国最早的民族资产阶级。1866年，左宗棠奏准设立福州船政局（又名马尾造船厂），设有转锯、机器、铸铁等8个分厂和一座船坞，雇佣工人2000人左右，聘请法国人做正副监督、技师和工头，专门修理和制造船舰，至1874年，共造大小轮船15艘①。1872年，李鸿章在上海设立轮船招商局，是洋务派由官办转向官督商办的第一个民用工业企业。起初，从事航运的船只只有轮船3艘，1876年增至12艘，1877年又以银两222万两收买美商旗昌洋行，得大小轮船18艘，共有轮船30艘，轮船吨位增至400万吨左右，约占中外在华轮船总吨位的36.7%②。

甲午战争（1894～1895年）后，中国社会的封建自然经济进一步解体，为资本主义发展提供了劳动力和市场。当时，清政府受困于财政危机，为扩大税源，放宽了对民间设厂的限制，近代

①黄鉴晖：《山西票号史》（修订本），山西经济出版社，2002年，第225页。

②黄鉴晖：《山西票号史》（修订本），山西经济出版社，2002年，第226页。

工商业得到了进一步的快速发展。从工业来看，甲午战争后的设厂数、资本额均有大幅增加（见表2-2）。甲午战争后20年的设厂数是甲午战争前20年设厂数的7.6倍，资本总额是甲午战争前20年的近6倍。另外，需要指出的是，甲午战争前后工业的性质结构也有较大变化，战前我国工业以官办和官商合办为主（资本占比达78%），战后，工业以商办为主（资本占比达75%），民族工业在整个工业体系中占据重要地位。从商业来看，对外贸易迅速发展，1894年，中国对外贸易总额是29 000余万两，1901年为43 800余万两，1905年为67 400余万两，1910年为84 300余万两[①]，15年增长1.9倍，这为国内民族商业的发展奠定了基础。

表2-2　甲午战争前后民族工业的发展对比[②]

年代	合计		商办			官办和官商合办		
	设厂数	资本（千元）	设厂数	资本（千元）	资本所占比重	设厂数	资本（千元）	资本所占比重
1872～1894年	72	20 907	53	4704	22%	19	16 203	78%
1895～1913年	548	120 297	463	90 821	75%	85	29 476	25%

①杨端六、侯厚培：《六十五年来中国国际贸易统计》，国立中央研究院社会科学研究所，1931年，第一表。

②严中平等：《中国近代经济史统计资料选辑》，第93页；转引自：黄鉴晖：《山西票号史》（修订本），山西经济出版社，2002年，第381页。

2.3 山西票号经营管理制度形成的文化环境

山西票号经营管理制度的形成具有深厚的文化背景，山西票号经营中所秉承的商业伦理、所体现的经营智慧和所遵守的管理哲学均有着中国传统文化的影子，即便是在鸦片战争后，西方思想开始传入中国，山西票号的经营管理者依旧遵循着传统儒家思想的行为准则，在经营管理中充分体现传统文化内涵，并由此不断走向新的高峰。因此，传统文化是山西票号经营管理制度之根，中国数千年来传承的儒家思想是决定山西票号经营管理制度的重要外部环境。

2.3.1 传统文化与山西票号的商业伦理

在儒家思想中，诚信是道德规范、社会交往的基本准则，是做人做事的基本原则，是安身立命之根本。孔子说“人而无信，不知其可也，大车无车輗，小车无车軏，其何以行之哉”①，曾子在《论语·学而》中也提出“为人谋而不忠乎？与朋友交而不信乎？”②，讲的都是诚信的原则。《中庸》更是将诚信本体化：“诚者，天之道也；诚之者，人之道也”③，即认为“诚”是天的属性，“人之道”是对“诚”的追求。周敦颐也说：“圣，诚而已矣。诚，五常之本，百行之源也。”④ 从各时代儒家著作可以看

①《论语·泰伯》，中华书局，1976 年。

②《论语·学而》，中华书局，1976 年。

③《中庸》，中华书局，1976 年。

④《通书》，中华书局，1976 年。

出，诚信是儒家思想一脉传承的价值追求。

除此以外，“义”和“利”的关系也是儒家思想的核心内容。孔子反对人们“放于利而行”，反对见利忘义，主张将对利的追求纳入义的规范之中，“富与贵是人之所欲也，不以其道得之，不处也；贫与贱是人之所恶也，不以其道得之，不去也”①；董仲舒认为“正其谊而不谋其利，明其道而不计其功”；朱熹认为“义利之说，乃儒者第一义”②。综合起来看，各儒学思想家对义利的看法普遍集中在一点，就是“以义取利，见利而思义”。

儒家思想中忠义、诚信、仁爱、中庸的要求是中国人立身处世的标准，是中国人几千年来的思维范式和行为准则，而关公是身体力行、忠实践行儒家思想忠、义、仁、勇的典范，忠肝义胆，诚信磊落，令万民敬仰。明朝以后，山西商人财势雄大，足迹所至，到处建有规模宏大的关帝圣庙作为会馆，并将关公力行的忠诚信义伦理注入经营管理活动中。

山西票号在经营管理中所恃的正是“信”“义”二字，山西票号的商业伦理素来讲究诚信为本和以义制利，商业伦理中的这一道德观和价值观从山西票号的名字就可见一斑。山西票号名称有志成信、协成乾、世义信、大德玉、大德川、大德通、大德恒、存义公等等，绝大多数山西票号的名字都带着义、德、诚、信、

①《论语·里仁》，中华书局，1976年。

②《朱熹集》，中华书局，1976年。

厚、公等字，可以看出山西票号崇奉商德伦理，将信义和利益结合在一起的思想，以诚信笃实、义孚天下来创造辉煌。在具体经营中，规定“重信义，除虚伪，节情欲，敦品行，贵忠诚，鄙利己，奉博爱，薄嫉恨，喜辛苦，戒奢华”，在义利问题上有严格的行为规范，主张“君子爱财，取之有道”，小心谨慎地在义利之间保持平衡。

山西票号的诚信义利思想不仅体现在内部经营管理中，也深刻表现在社会约束中，山西票号多在一些大城市中设立金融行会，如汉口的山西钱业公所、上海的山西汇业公所、北京汇兑庄商会、包头的“裕丰社”、归化的“宝丰社”，金融行会监督货币经营，维护市场秩序，处理商务纠纷，维护社会治安，团结教育商人，举办社会公益事业，最主要职能是协调山西票号内部、山西票号与社会其他机构之间利益关系，约束同行，通过这样的外部约束进一步树立和明确诚信义利的商业准则。

2.3.2 传统文化与山西票号的经营智慧

在中国传统文化中，人本思想是重要组成部分。儒家思想素来讲究人是根本，有着关注人、重视人、崇尚人、关爱人的人本主义传统。首先，儒家思想强调在现实社会关系中人为本位，肯定人的生命意义和人生价值，强调人在现实世界中提升道德品格、达到理想境界，这一点在儒家思想最核心内容“仁”得以体现，仁，即为“自爱、爱人、互爱”，对人的关心与尊重是“仁”的精髓。其次，儒家思想提倡正己正人，在人际关系的处理上，要“躬自厚而薄责于人”[①]，即要严于利己，宽以待人，要做到“己欲立而立人，己欲达而达人”[②]和“正己正人，成己成物”，其中倡导的以身作则、身先士卒、率先垂范、推己及人的思想有助于提升各主体的道德品格修养和各项能力。最后，儒家思想提倡“人和”精神，关注人的群体性，主张人与人应和谐相处，互敬互爱，相互忠恕，即像对待自己一样去对待别人，因而有助于群体中的协调和相互理解，提升群体的合作力和向心力。

山西票号的经营智慧中，突出了人本主义这一与传统文化精髓相通的特征，即经营核心是经营“人”。陈其田在《山西票庄考略》中重点提到此点，“财东信任总经理的人格，以全盘的生意委托他，给他绝对自由，而不过问。总经理对于分号经理，也是如此。政府和社会对票庄的信任，是信任他们个人的信用。票庄经理所以能拉拢公款，是因为他们与官僚个人的关系。放款不收抵押，概重个人的信用。汇款的汇费，存放款项的利息，都是因人而异。所以山西票庄不论从那一方面观察，都是因人而存在，因人而发达，因人而没落。这种人本主义是山西票庄的一大特色”[③]。

2.3.3 传统文化与山西票号的管理哲学

中国传统儒家文化讲究以和为贵、尚中贵和，尚中贵和是儒

①《论语·卫灵公》，中华书局，1976年。
②《论语·雍也》，中华书局，1976年。
③陈其田：《山西票庄考略》，商务印书馆，1937年，第91页。

家思想中“仁学”的基本精神之一，“中”是“中庸之道”，“和”是指“以和为贵”。孔子认为“礼之用，和为贵”。孟子也提出“天时不如地利，地利不如人和”。《中庸》上也有记载：“和也者，天下之达道也。”这些思想均表明中庸是解决问题、处理矛盾的良好方法，而将和气运用在商业经营中更能达到多方共赢互利的效果。晋商在长期的商业实践中非常重视与社会各方面的和谐相处，坚信“和气生财”。

在商号内，明清晋商在先前贷金制、朋合制和伙计制等经营方式的基础上，创造性地构建了资本所有权与经营权相分离的经理负责制。山西票号经营始终维持由东家聘任总经理、掌柜，形成财东出资并承担亏损风险，总经理、掌柜负责经营业务活动的委托经营形式。财东“将资本交付于管事人（大掌柜）一人，而管事于营业上一切事项如何办理，财东均不闻问，既不预定方针于事前，又不施其监督于事后”，可谓“用人不疑，疑人不用”。这种委托经营关系，完全建立在信任与忠义的基础上，以经济利益关系为纽带，广纳人才，不以宗族关系为纽带，也不是任人唯亲，具有开放性特征，充分体现了企业内部“和”的精神，是儒家思想“和衷为贵”的具体体现。

山西票号用人，“以懂得信义为根据”，通过“远使而观其忠，近使而观其敬，烦使而观其能，卒间以观其智，急期以观其信，委财以观其仁，告危以观其节，班期二年以观其惰，派往繁华以观其色”来考察学徒的“仁、信、忠、敬、能、智、节、规”，多方考察，任人唯贤，量才录用，并注重对职工的培训教育，不断提高职工的文化素质和业务水平。

在对待客户上，重人信用大于重物信用。山西票号的放款绝大多数是信用放款，极少抵押贷款，极为信任客户，讲究对待客户“以和为贵”，笃信“和气生财”。在同行之间，晋商既注重保持平等竞争，又要相互支持和关照。通常晋商把相互友好的同行称为“相与”。凡是“相与”必须善始善终，同舟共济。这些方面都是中国儒家文化“尚中贵和”思想对山西票号经营管理哲学的重要影响和体现。

2.4 山西票号经营管理制度的基本构架

2.4.1 山西票号经营管理的最具特色方面

通过前三节对山西票号经营管理制度形成环境的分析，可以看出山西票号的产生和发展具有特定的经济、社会和文化背景，因而其经营管理具有很强的时代特征性和一定的先进性，在很多方面具有区别于其他机构的优秀特点。相比于现代商业银行，山西票号在经营管理方面主要有以下几大特色。

第一，盈利性为根本原则。山西票号在经营管理中始终以盈利性作为根本准则，在分号设立、资金划拨、业务创新等各个方面首先考虑盈利性。如山西票号在分号设立前要先行调查研究，在掌握市场动向、分析其盈利性的基础上添置新号，扩展经营地域，一旦经营不利，立刻撤庄，即分号设立与撤并的唯一评判准则即是盈利与否。分号处所也多采用租赁形式，既为节省成本，也为灵活机动。资金划拨方面，主要方法是“酌盈济虚，抽疲转快”，当各分号现银分布不均匀时，总号可以指挥各分号相互接济资金，对部分分号无法产生盈利的资金予以转移至高利润地区分号，从而提升全号资金的使用效率和盈利水平。在各项业务创新方面，如逆汇、代办业务、国库代理，根本准则是判断该项业务的盈利性。

第二，依托官府为重要策略。在清中晚期，政治开始出现动荡，社会局势不稳，山西票号为了维护自身利益，选择与清政府、各类官员保持紧密联系。一方面，通过资助穷儒寒士入京应试以至走马上任来结交各级官员，通过代办、代垫捐纳、印结[①]加深与官吏间的关系；另一方面，在中期，山西票号逐渐充当清政府捐纳筹饷的办事机构，并参与汇兑公款，为户部解缴税收，为清政府筹借、汇兑抵还外债，代理财政金库，到甲午战争后，山西票号甚至成为清政府的财政支柱和主要借款来源，两者间的紧密关系发展到顶峰。

第三，激励约束员工为经营管理之本。山西票号在经营管理过程中尤其注重激励员工，最重要特点是建立了人身股制度，即山西票号中“各伙友入号三次账期以上，工作勤奋，未有过失，即可由大掌柜向股东推荐，经各股东认可，即将其姓名登录于万

①印结，一种签有印鉴的证明文书，官吏向上级办理印结时，可以由票号代理，一般由代办捐纳演变而来，最后成为票号的一种普通业务。

金账中，俗称顶生意”[①]，身股在账期可参与分红，山西票号“营业愈盛，余利愈厚，身股亦因之以增。以此人人各谋其利，不督责而勤，不监制而俭”[②]。除了激励措施外，山西票号还有一整套严密的约束措施，突出表现在严格的号规上，如“山西票号分号人员，无论出门路途之远近，统以三年为一班期，除遇父母丧葬大事外，不得轻易告假。还有特别禁条，如不准接眷出外，不准在外娶妻纳妾，不准宿娼赌博等”[③]。通过完整的激励约束措施，较好地激发了员工的工作积极性和创新性，促进了山西票号的快速发展。

第四，防控风险为第一要义。作为经营货币的机构，山西票号在经营管理过程中始终抱着谨慎小心的态度，对风险极为敏感。对内，通过宗法与商铺担保机制来约束职工，防范员工的操作风险；通过创立“龙门账”的金融稽核制度来保证财务核算的准确性，防范财务风险；通过建立严格的山西票号密押制度，如水印、印鉴、暗号等，防范汇票作伪。对外，山西票号对放款客户严格把关，认真审核，非相知相熟可靠之人不予放款，以规避信用风险。此外，山西票号还能审时度势，根据金融市场变化变

①李谓清:《山西太谷银钱业之今昔》,《中央银行月报》六卷二号，1937年2月，第190-191页；转引自：山西财经大学晋商研究院:《晋商研究早期论集（二）》，经济管理出版社，2008年，第59-65页。

②徐珂:《清稗类钞》第十七册，农商类，第70—71页。

③范椿年:《山西票号之组织及改革》,《中央银行月报》四卷一号，1935年，第5页；转引自：山西财经大学晋商研究院:《晋商研究早期论集（一）》，经济管理出版社，2008年，第58-68页。

更头寸，合理扩张收缩，对市场风险具有较强的敏感性，避免了在国内第一次金融风潮（1883年）和橡皮风潮（1910年）中出现重大损失。

第五，传统文化为管理内核。山西票号在人力资源管理方面尤其注重以传统文化即儒家思想教育职工，要求员工谨记勤俭为修身立业之本，为人处世以中和之道，中正不偏，和为贵，和气生财，对内忠义，对外诚信，先义后利，以义制利；在日常培训教育中，要求职员以儒家思想和关公精神经营管理山西票号生意，对待客户以诚信为本，服务周到；对待同业同乡，给予无私支持，善待相与，相互扶持；对待社会，办义学，兴义举，在社会危难时期挺身而出，多予捐赠，具有较强的社会责任意识。

2.4.2 本书研究山西票号经营管理的总体框架

根据前述对山西票号经营管理制度特色的讨论，本书将选择以下几方面作为考察山西票号经营管理制度的主体内容，构建起本书研究山西票号经营管理的总体框架。

一是山西票号的企业治理机制。通过研究山西票号“人身股”、所有权与经营权分离、倍本制、联号制、总分号制等最具特色的企业治理机制，探析山西票号企业治理机制与当代商业银行的异同，指出其企业治理机制中具有的先进性和特色性，以供现代商业银行借鉴。

二是山西票号的人力资源管理制度。通过对山西票号的员工与经理人员的选拔机制（新员工选拔、经理骨干的提拔）、训育机制（学徒制、品德教育、业务技能训练）和薪酬激励机制（薪酬制度、福利制度、社会保障、身股晋升）的专题研究，分析比较其人力资源管理制度与当代商业银行的异同。

三是山西票号的经营策略。通过研究山西票号在业务经营方面的主要策略（如产业资本与银行资本相结合、分支机构的资本金拨付、分支机构间的业务资金调度、资金与社会需求联动）和山西票号在金融工具、金融机构、金融业务、金融技术、金融制度等方面的创新以及山西票号间的同业合作与竞争，探讨山西票号的优秀经营理念与方法。

四是山西票号的风险控制制度。通过研究分析山西票号对人和分号的考核管理、完善的风险控制机制（风险基金、密押制度、市场动向跟踪、财务稽核、安全支付等）、管理流动性风险的举措（酌盈济虚、信约公履），指出其与当代商业银行风险管理的异同。

五是山西票号的金融文化。通过研究分析山西票号的关公崇拜文化与义利伦理、善待相与、同舟共济的社会责任以及山西票号经营者修齐治平的心智素养，对比现代金融企业的道德缺失、自我中心文化、唯利是图文化以及传统文化理想缺失等现状，指出人本文化视角下山西票号金融文化的独到之处。

2.5 本章小结

第一，山西票号及其经营管理制度产生的经济环境。在明中期到清晚期的中国商业革命中，山西商人发挥了主导性作用，成为商业革命的重要参与者和推动者；当时，国内外贸易额的大量增加和商品经济的飞速发展迫切需要新的货币结算方式的出现；山西商人此前经营的金融机构，如当铺、印局、账局和钱庄，对山西票号产生了重要的影响，这是山西票号及其经营管理制度产生的经济环境。

第二，山西票号及其经营管理制度产生的社会环境。清代中后期，中国政治动荡，阶级矛盾尖锐，社会变革频繁；西方列强侵入，加速了中国封建社会自给自足的自然经济的解体；本土在技术、通信、交通等方面严重落后，民族工商业开始兴起与发展，这是山西票号及其经营管理制度产生的社会环境。

第三，山西票号及其经营管理制度产生的文化环境。儒家思想中诚信义利的价值观对山西票号经营管理构成重要影响，中国传统文化的人本思想在山西票号经营智慧中得到充分体现，儒家文化的尚中贵和精神与山西票号注重和谐管理的智慧一脉相承，这些都是山西票号及其经营管理制度产生的文化环境。

第四，本书研究的山西票号经营管理的总体框架包括山西票号的企业治理机制、人力资源管理制度、经营策略、风险控制举措及其金融文化，并从五个维度出发，研究山西票号经营管理经验，为现代商业银行提供启示。

3

人本文化
视角下的山西票号企业
治理机制研究

The research of Shanxi Exchange's management based on the analysis perspective of humanistic culture

企业治理，是一种据以对工商公司进行管理和控制的体系。企业治理机制，能明确企业中各个参与者的责任和权利分布。从最宽广层面解读，企业治理包含了规则、关系、制度和程序等要素，各要素综合作用，共同协调企业与所有利益相关者的利益关系。而从狭义角度解读，企业治理主要指所有者对经营者的一种监督与制衡机制，主要特点是通过股东大会、董事会、监事会及管理层构成企业内部治理结构。企业治理机制的核心内容包含产权制度、激励约束机制和组织架构。其中，产权制度是基础，激励约束机制是核心，组织架构是支撑，三位一体，构建起企业治理机制的总体框架。因此，本章试从此三方面解读山西票号企业治理机制的重要内涵。

山西票号的企业文化从根本上讲是以人为本的文化，以所有者（财东）、管理者（掌柜）、职工（伙计）、客户的利益为本，以此出发，在股份合作制、两权分离的产权制度基础上，衍生出一系列协调各利益相关者利益关系、激励约束各参与者的机制，并配套相应的组织架构体系，从而提高经营管理效率，实现了山西票号的辉煌。因此，本文将山西票号的企业治理机制研究纳入在人本文化视角下。

3.1 产权制度

所谓产权制度，是指既定产权关系和产权规则结合而成的能对产权关系实现有效组合、调节和保护的制度安排。产权制度是企业治理的基础，不同产权制度基础上产生不同的激励约束机制与组织架构。通常，产权制度包含独资制、合伙制、股份合作、股份制等几种类型，合伙制企业通常依据合同或协议组织起来，合伙制的所有权与管理权合二为一，合伙人对企业债务负无限责任；股份制则指多个出资者按出资额对公司承担有限责任的产权制度，股份制企业的所有权与管理权相分离；股份合作则介于合伙制与股份制之间，既有股份制的两权分离，又兼具合伙制企业的发挥主观能动性的优势。

3.1.1 股份合作

晋商的股份合作制是由明代的贷金制、合伙（朋伙）制和伙计制演变而来，明晚期已有股份制的雏形，入清以后，合伙制和伙计制受其经营规模、范围和区域的局限，已远不能适应大规模商业经营和流通的需要。为了集中资本和改善经营管理，山西商人在上述经营方式的基础上，于清乾隆、嘉庆之际，逐渐产生了股份合作制经营方式。这种产权制度有正本、副本之分和银股、身股之分，兼有股份制与合作制的优势。

（1）正本与副本

山西票号的资本分为正本和副本两种。正本是股东的合约投资，没有股息，享受红利。每股几千两到一万几千两。山西票号正本股份的建立，始由财东出门聘请经理，再由财东、经理共邀中人，书写合约，内容包括山西票号名址、经营项目、资本数额、结账期限、按股分红等，通过合约建立山西票号总体宗旨和根本章程，最终财东股金正式到位。山西票号正本，既有单个财东独资，也有多个财东合资，但都承担无限责任。副本则有两种情况：一是东家、经理及顶身股伙计遇账期，由分到的红利中提取一部分，存入号内，一般称做“统事”或“护本”。“统事”“护本”不分红，只得利息，不得随意抽取。二是山西票号东家存款，山西票号财东往往具有巨额存款存在山西票号，再加之，由于山西票号财东承担无限责任，从广义来说，财东个人的财产，是山西票号后备的资本，因此，这种不列入山西票号的正账而潜存于山西票号中的资本，是构成山西票号副本的一个重要部分①。随着山西票号营业的兴盛，山西票号副本与年俱增，资本愈加雄厚。

（2）银股与身股

出资者为银股，出力者为身股。山西票号财东出资本，持有银股。同时，山西票号为了加快发展，“多择齿近弱冠之年少略知写算者，使习为伙，历数载，察其可造，酌予身股，不给工资。惟岁给置备衣服之资。三年结账，按股分余利。营业愈盛，余利愈厚，身股亦因之以增。以此人人各谋其利，不督责而勤、不检制而俭。其发起之人及效力年久者，于其身后，必给身股以赡其

①中国人民银行山西省分行、山西财经学院：《山西票号史料》，山西人民出版社，1990年，第585页。

家，子孙而贤，仍可入号。”身股制度是晋商特有的资本金制度，有效丰富了股东构成，使职工利益在公司经营中得到体现。银股与身股的结合使山西票号的资本联合与劳动联合成为可能，具有一定的股份合作的性质。

现代商业银行普遍采用股份制的产权制度安排。股份制企业是指两个或两个以上的利益主体，以集股经营的方式自愿结合的一种企业组织形式。在此制度下，企业产权分属于股东，股东通过设立董事会来领导企业，聘请高级管理人员管理企业，设立监事会来监督企业经营管理及董事会职能发挥。股份制的制度安排有利于商业银行建立良好的公司治理机制，实现出资人对商业银行经营管理的有效影响，同时，股份制的有限责任制使得股东所需承担的财务风险大大降低，提高了股东参与经营的积极性。

相比于现代商业银行的股份制，山西票号通过正本、副本的机制强化了财东与山西票号的休戚相关的利益关系，壮大了山西票号的资本实力，加快了山西票号的规模发展。但由于山西票号财东承担无限责任，大大提高了财东必须承担的财务风险和经营风险，为后期山西票号财东破产、举家逃亡埋下了伏笔，从制度的风险角度看，比现代商业银行的股份制有所差距。此外，山西票号通过银股、身股安排，使得山西票号投资主体趋于多元化，引入了员工资本方，具有一定的股份合作属性，也符合产权明晰、产权主体多元化、社会化的先进产权制度要求，具有一定的先进性。特别是在身股参与山西票号账期分红的安排上，体现了同股同酬的现代股份制理念，这在当时特定的历史文化背景下，具有明显的先进性和超前性。尤其是在大德通山西票号中，顶身股的经理及伙友死后，在一定年限（或账期）仍同样与银股享有分红权利，这充分体现了对身股的高度重视，具有极强的人性化特点和较高的员工尊重度，这是当前现代商业银行在产权主体中普遍缺少员工参与所不能比拟的。

3.1.2 委托代理与两权分离

山西票号普遍实现了委托代理和两权分离，即东家委托大掌柜经营管理票号，票号的所有权归东家，经营权归总经理（大掌柜），形成两权分离局面，这与现代商业银行普遍运用的公司治理机制基本一致。

山西票号财东在决定成立山西票号后，首先要聘请经理（掌柜）。由介绍人之说项，或自己注意察访，确实认定此人有谋有为，能守能攻，足以担当票号经理之职责，则以礼招聘，委以全权。一旦被委之经理，事前须与财东面谈，侦察财东有否信赖之决心，始陈述进行业务及驾驭人员之主张。果双方主见相同，即算成功[①]。

（1）财东的责任和职权

东家与经理达成合作意向后签订契约，依此履行各自的权利和义务。财东自将资金全权委诸经理，系负无限责任，静候经理

①中国人民银行山西省分行、山西财经学院：《山西票号史料》，山西人民出版社，1990年，第598页。

年终报告。在具体经营管理中，财东对大掌柜委以全权，平时不问号事，既不定政策于事前，也不实施监督于事后，就连聘用人员也完全由大掌柜负责，东家绝不干预。等到例定账期（或三年，或四年，即决算期），由经理谒请，约日聚会，办理决算。凡扩充业务，赏罚同人，处制红利，则由财东裁定执行，经理为建议首席，听其咨询①。

（2）经理的业务和职权

经理既受财东信赖与委托，得以经理全号事务，任重而道远，所以事事不出于忧勤惕励之一念。领导同人，崎岖前进，其权限近乎独裁而非独裁，实即集权制也。盖同人均享有建议权，非任何约束，小事均可便宜行事，大事则须决之经理。每年例须巡视各庄两次或一次，有时另派大员代理，此项举措非常重要，凡人位之处度不宜，同人暗行不端，手续不合潮流，市面情况变迁，皆为业务上之阻碍，视察作得立时处理。经理每年年终汇集各庄营业报告表，造具清册，报告财东一次。倘有较大之事项，临时须报告财东，完成手续。②

山西票号这种所有权与经营权的严格分离以及委托代理机制，既避免财东干涉山西票号经营，便于保证经理人的独立稳健

①颉尊三:《山西票号之构造》，1936年未刊稿；转引自：山西财经大学晋商研究院:《晋商研究早期论集（一）》，经济管理出版社，2008年，第14-28页。

②颉尊三:《山西票号之构造》，1936年未刊稿；转引自：山西财经大学晋商研究院:《晋商研究早期论集（一）》，经济管理出版社，2008年，第14-28页。

经营管理，又充分代表了当时“用人不疑，疑人不用”的信托关系，是信义理念的最好体现。因为财东出于自身眼光识人，以信义待人，将全部资本付之经理，不加过问日常经营，如果因非人力所能制止原因丧失资金，财东不但不责经理失职，反加勉励，立即补足资金，令其重整旗鼓，视商业赔赚如兵家胜败，是信之表现。而对于经理（掌柜），势必以忠义报答财东的知遇和信任，倘若外部经营环境不佳，恐有损东家资本，大掌柜自然挥其铁腕筹谋退步，决不行险侥幸，影响个人人格，因此，营业范围、营业策略皆以市场环境为比照，以经营活动为主旨，操纵自如。即财东信任，掌柜报之以义，“受人之托，忠人之事”。因此，在这种完全信任的委托代理关系下，表面看出资人的风险极大，实际上是将大掌柜的经营置于自身道德约束、同行业和全社会的监督之下，大掌柜若经营不善或不够尽力，一方面面临信誉损失，另一方面也在同行中损失价值。因此，这种完全信任的委托代理关系在很大程度上使得山西票号具有了在当时社会背景下的相对先进的产权制度及公司治理安排，保证了其业务发展和管理完善。

对比于现代商业银行完善的委托代理体系，山西票号的两权分离与委托代理制度处于初级阶段，表现在财东不参与日常经营却承担无限责任，风险较大，另一方面财东对山西票号的监督机制还没有建立，财东只能坐等每年年终掌柜呈交的营业报告，平时无法对山西票号经营状况有实时跟踪和了解，而内部人（掌柜）的权力极大，“其权限近乎独裁而非独裁，实即集权制也”，内部人控制情况存在。但应该看出，山西票号的两权分离相对于当时国内商品经济尚不发达、企业多采用合伙制的背景来说已经是大大的进步了，是中国金融企业的最早的股份制的尝试，具有很高的先进性。从经营实践来看，虽然股东的无限责任制使得股东承担了极大风险，并直接影响到山西票号东家在后期的悲惨结局，但财东与经理（掌柜）的委托代理关系非常牢固，经理普遍具有良好的道德水平和自我约束，在经营过程中能做到"受人之托，忠人之事"。在当时背景下，另外一个不容忽视的风险控制手段是极强的宗族同乡观念和紧密的同业联系，东家选掌柜只选本地同族人，宗族约束迫使掌柜不敢有丝毫非分之想，而同业间紧密联系强化了掌柜在同业中的声誉约束，促使掌柜殚精竭虑经营好票号。

3.2 激励约束机制

激励约束机制，即企业组织根据组织目标、人的行为规律，通过各种方式，激发人的动力，使人在行为过程中有内在动力、积极性、主动性和创造性，同时规范人的行为，使得行为主体的行为朝着激励主体期望的目标前进。激励约束是人本文化的基本要求，企业通过建立完善合理的激励约束机制激发管理人、员工的积极性、主动性和创造性，既提升企业的经营管理效率，又提升了管理人、员工的经营管理能力，促进其个人发展，是对所有者、管理者、员工均有利的制度安排。

山西票号在长期的经营管理活动中，建立了一整套有效的、较强先进性和特色性的激励约束机制，其中较为突出的机制包括人身股和倍本制。

3.2.1 人身股

山西票号具有人力股的特别习惯。在总股本中，出资者占银股，出力者占身股。银股和身股平等分配票号红利。具体来看，山西票号“多择齿近弱冠之年少略知写算者，使习为伙，历数载，察其可造，酌予身股，不给工资。惟岁给置备衣服之资。三年结账，按股份余利。营业愈盛，余利愈厚，身股亦因之以增。以此人人各谋其利，不督责而勤、不检制而俭。其发起之人及效力年久者，于其身后，必给身股以赡其家，子孙而贤，仍可入号。”①

（1）顶身股的条件与份额规定

“各票庄身股之分配，大致无多大差异。各伙友入号在三次账期以上，工作勤奋，未有过失，即可由大掌柜向股东推荐，经各股东认可，即将其姓名登录于万金账中，俗称为‘顶生意’，最初所顶身股，最多不能过二厘（即一股之十分之二），然后每逢账期一次，可增加二厘，增至一股为止，谓之‘全份’，即不能再增。银股与身股，虽股数相等，然事实上身股从未有满股者，大都均保持银三身二之比例数，每层账期，必须老掌柜中有死亡或辞职因而退股者，新进方有增股之希望。”② 从此段史料可以看出，顶身股的条件并非苛刻，只需“入号在三次账期以上，工作勤奋，未有过失”，这体现了身股在山西票号中的普遍性，即多数山西票号老员工只要工作努力、不犯过失，到一定年限后均

①徐珂：《清稗类抄》第十七册，农商类，第70-71页。

②李谓清：《山西太谷银钱业之今昔》，《中央银行月报》六卷二号，1937年，第190-191页。

有可能顶身股，因此，身股的激励性较高，激励效应也显著，“人人各谋其利，不督责而勤、不检制而俭”，年限设置也有利于提高员工对山西票号的忠诚度。另外，“各伙友顶人力股多寡，由经理看个人的劳绩而酌定”，这又显示了身股的激励差别性，即优秀人才可多得，劳绩差者只能少得或不得，总体来看，身股制度的激励性既有普遍性，又不失差别性。

（2）若干山西票号银身股份统计

表 3-1　三家山西票号银身股统计

山西票号名称	资料年代	资本额		身股数			银身股合计
		正本（千两）	股数（个）	股东	登入合同的号伙	未登合同的号伙	
志成信	1873年	34.00	17.00		6.00	不详	23.00
协成乾	1906年		13.25	3.9		13.6	30.75
天成亨	1883年	70.00	14.00				14.00

资料来源：中国人民银行山西省分行、山西财经学院：《山西票号史料》，山西人民出版社，1990 年，第 588 页。

表 3-2 协成乾山西票号顶身股统计（光绪三十二年，1906 年）

顶身股数		顶身股的号伙数		顶身股的具体份额和人数								
股数	为银股%	人数	占全号人数%	一分者	九厘者	八厘者	六厘者	五厘者	四厘者	三厘者	二厘者	一厘者
17.5	132.07	38	32.2	3	3	1	2	5	7	8	2	7

资料来源：中国人民银行山西省分行、山西财经学院：《山西票号史料》，山西人民出版社，1990 年，第 589 页。

从表3–1和表3–2可以看出，山西票号普遍具有顶身股制度，且身股数在总的股本中占据不小的比例，甚至超过银股数，如协成乾山西票号顶身股数为银股的132.07%，超过了银股数；而具有顶身股资格的号伙数也不小，如协成乾山西票号顶身股的号伙数占到全号人数的32.2%，顶身股所占的股份从一厘到一分不等，反映了山西票号顶身股的普遍及差别性。

可以看出，山西票号的顶身股作为提升员工积极性、主动性和创造性的有效激励约束措施，实现了物质激励与精神激励的协调一致，是一种长期有效的激励机制和动力机制，是公司治理机制的重要组成内容。

3.2.2 倍本制

山西票号资本最初都是很少的，如志成信为三万四千两，协同庆为三万六千两，大德通为十万两。这是由多方面原因造成的。

第一，山西票号大多数由别的商号改设，别的商号资本已厚，而且开设有年，在社会上信用大著。或系初创，而东家尚有其他的若干商号在设立着，山西票号如遇周转不灵时，可向联号借款。

第二，山西票号信用既著，多吸收存户存款，存户多不提取现款，取其汇票。此汇票不同于现代商业银行的汇票（支付命令书），而是一种类似于存款单的票据，俗称“小票”，是小额无记名的，可以在市面通行，具有流通功能。

正是在这样的背景下，需要护本的制度来保障山西票号资本的充足。山西票号资本金有正本与副本之分。正本是股东的货币投资，在万金账中记载；副本也叫“护本”，是山西票号在每个账期进行利润分红时，在资本股和人身股所分红利中提留一定比例留存票号，作为公积金，这部分资金归个人所有，付给利息，不分红，若遇经营亏损，由副本支付，借以确保资本充足，是山西票号风险基金，与现代商业银行提取的拨备类似。这项制度，与2007年1月1日起实施的巴塞尔银行监督委员会“新资本协议”中的控制性资本与经济性资本的区分是一致的。

倍本也称“倍股”，是指在山西票号账期分红时，财东按照所持股份比例，提取一部分红利留在企业参加周转使用，以扩大经营中的流动资本，作为股东存款，计息不分红。除了护本、倍本制度外，晋商山西票号还在资本运营中创造了“厚成”“公座厚利”等资本管理制度。“厚成”，即在年终结账时，山西票号将应收账款、现存资产予以一定折扣，使企业实际资产超过账面资产，留存资本增多。“公座厚利”是在账期分红时，在财东银股和职工身股未分配之前先提取利润的一部分作为“公座”，以便“厚利”①。

“倍股”“厚成”“公座厚利”等制度，都是山西票号在资本经营中尽可能扩大资本量、争取更多盈利、扩大经营规模的有效办法，同时也确保了票号经营上的资本充足。

①孔祥毅：《金融贸易史论》，中国金融出版社，1998年，第238页。

现代商业银行已经形成一整套的资本管理办法,巴塞尔资本协议明确提出核心资本与附属资本的区别,将资本作为银行吸收损失、控制风险的最后屏障,将资本监管作为银行监管的最核心内容。巴塞尔协议Ⅲ突出了对核心资本充足率的监管要求,而核心资本的主体部分就是股本、一般准备和未分配利润,前者与山西票号财东的资本股、伙计的顶身股相对应,一般准备和未分配利润与山西票号的"护本""倍本""厚成""公座厚利"的本质相似,可以看出19世纪的山西票号拥有了与21世纪的最先进资本监管制度相似的理念和做法,具有远超当时社会局限的超前性和先进性,是山西票号经营智慧的突出体现。

由上述两项内容可知,山西票号顶身股制度的安排体现了山西票号对于票号员工的激励,同时也加强了其股权结构的多元化,很好地将利益主体纳入决策和利润分配过程,强化了山西票号伙计的主人翁意识,从而发挥出较强的激励性作用,是公司治理体系的重要一环。而"倍股""厚成""公座厚利"等制度则是针对股东、持有身股的掌柜及员工在全行资本金管理、风险拨备方面的约束性措施,蕴含了"共享收益、共担风险"的合作经营理念,同时也提升了山西票号管理风险、抵补损失的能力,确保了票号的长期稳健发展,因此,山西票号的激励约束机制与现代商业银行具有相通类似之处。更为重要的是,"顶身股""倍股""厚成""公座厚利"等激励约束机制体现了山西票号以股东利益、掌柜利益、员工利益为本的理念,是人本文化在经营管理中的表现,这与部分现代商业银行忽视内部员工利益存在显著差别。

3.3 组织架构

组织架构有狭义与广义之分，从狭义角度看，组织架构指的是企业为了实现组织目标，在组织理论指导下，经过组织设计形成的组织内部各个部门、各个层次之间固定的排列方式，即组织内部的构成方式，对于工作任务如何进行分工、协调合作的制度安排；从广义角度看，组织架构不仅包括狭义组织架构内容，还包括组织之间的相互关系类型，如专业化协作、经济联合体、企业集团等。本书以广义组织架构作为界定。组织架构是公司治理机制的重要内容，合理有序的企业组织架构能组织企业部门及成员，为实现组织目标协同努力，形成强大合力，降低内部管理成本，提升企业经营管理效率。

3.3.1 联号制

晋商普遍采用“联号制”，即财东独立投资或合伙投资办商号，具有相同股东的商号广泛分布于全国各大商埠乃至国外，所处行业囊括各类工商业和金融业，商号相互之间信息互通，相互支持，建立紧密联系。

介休北贾村侯氏家族在平遥县开设有蔚泰厚绸缎庄、天成亨布庄、蔚盛长绸缎庄、新泰厚布庄和蔚丰厚绸缎布庄，主营绸缎布庄生意，后于同期全部改组为票号，请来原日升昌票号二掌柜毛鸿翙担任蔚泰厚票号的大掌柜，同时协调管理其他四家票号，使侯家企业蒸蒸日上，史称“蔚字五联号”。“蔚字五联号”采用联号制度，各号独立经营，但以蔚泰厚大掌柜毛鸿翙为首，事实上成为蔚字五联号的总掌柜，主持和协调涉及票号集团的重大决策。除经营票号外，侯氏还在北京设有绸布、杂货、药店、染坊以及钱铺、账局等庄号，这些机构与其票号既有业务往来，也互通消息、相互提携，为票号经营创造一定有利条件。

除“蔚字五联号”外，榆次常家开设的大德玉和三和源票号，祁县乔家设立的大德通和大德恒票号，祁县渠家开设的三晋源、长盛川、百川通、存义公票号均为联号制。需要特别指出的是，除了经营票号外，各财东还主营商业，很多财东在设立票号前就具有庞大的商业网络，在商业经营发达后兼营起票号，如榆次常家主营茶叶贸易，是中俄恰克图茶叶贸易的主要商家，其后在茶行的基础上相继开设账局和票号。再如太谷曹家极盛时在朝阳、赤峰、沈阳、新疆、库伦、莫斯科、伊尔库茨克等地开设各类商号达640余家，雇员达37 000余人[①]；祁县乔家在中堂尽管开设有大德通和大德恒两大票号，但其资本分布和利润来源主要不是票号业，而是钱、当、粮、茶业，据不完全统计，乔家仅在归化就设有钱庄、当铺、粮店十余个，连同分布在东口、东北、京津、四川、两湖等地的钱粮茶庄，总共要在200处以上，仅流动资本就有700万至1000万两之多[②]。因此，从某种意义上说，晋商几大家族经营的是横跨金融业、商

①葛贤慧：《商路漫漫五百年——晋商与传统文化》，山西经济出版社，2009年，第62页。

②中国人民银行山西省分行、山西财经学院：《山西票号史料》，山西人民出版社，1990年，第786页。

业、制造业的大企业集团，不仅是现代金融控股集团的雏形，更实现了金融与实体经济的融合。

当前，商业银行混业化的趋势愈加明显，银行参股证券、保险、基金的案例层出不穷，综合化步伐加快，中石油、中石化、鲁能等实体企业也纷纷参控股金融机构，未来金融业与实业相融合的趋势可能出现，德国以大银行为主的金融结构以及银行纷纷参与实体企业公司决策、进入董事会的现象在一定程度上证明了金融业与实体经济融合的可行性。因此，从一百多年前山西票号的联号制，可以看出横跨金融业、商业、制造业的大企业集团式组织架构与当前金融业混业经营、与实体企业联系紧密的现实可能存在一定的适应性，具有一定的借鉴意义。

3.3.2 总分号制

山西票号在内部采取总分号制的组织架构，总分号之间联系紧密，有严格的信息汇报机制，较好地实现了总号对分号的严密管控。

（1）分号的设立

“票号分号之设立，有因各大商埠必须设立者，如平、津、沪、汉等。有因自己营业范围而设立者，……有因择垫官吏随至官吏任所收账，因而设立者。”①可以看出，山西票号分号的设立原因是多样的。“设立的手续，由总号选择干员，携带图章砝码，并

①卫聚贤：《山西票号史》，经济管理出版社，2008年，第74、75页。

路费及开办费若干前往。不必携往大宗资本，因系汇兑，与自己的各分号或其他的山西票号往来拨兑。”①

（2）分号与总号间关系

“票庄的业务，大半靠分号在外经营，所以总号与分号的关系十分缜密。分号经理由总号选派资格较优者担任，携带总号图章砝码等各种要件，以资凭信。资本皆存总号，设立分号时，不另发资本，只给川资及开办费若干。”②分号之间、总号与分号之间资金往来遵循“酌盈济虚，抽疲转快”的原则，全局统筹，不分区域，从某种程度上讲这种制度是中央集权，资本全归属于总号，分号不单设资本，获利全归总号，以总号为中心。分号经理及成员，亦由总号大掌柜选派，分号内部办事必须听凭总号规定，如分号对于总号，逐月有“月清”，年终有“总结账”，报告全月及通年营业状况。在日常经营中，分号对总号也要通过信件随时报告营业状况及当地行市，同时也通报各分号，做到互通信息。

（3）总号对分号经理的控制

在山西票号中，总号对分号经理的控制非常严格。表现在：分号经理人与总号的关系，不仅经理人个人对总号负连带无限责任，即便其家族，亦要负责任。如果遇到分号产生损失，分号经理人存在过失时，经理人及其家族全体，对于山西票号总号

①卫聚贤：《山西票号史》，经济管理出版社，2008年，第74、75页。
②陈其田：《山西票庄考略》，商务印书馆，1937年版，第89、90页。

均负有连带赔偿损失责任，如果没有完全赔偿损失，可下其家族于狱，将家族财产全部没收。这条规定具有很强的约束力和震慑力，加之古人家族观念极强，因而，票号分号经理在日常经营管理中兢兢业业，但求不犯过失。另外，在每个账期票号分红时，在各分号经理的人身股所分红利中要提留一定比例留存票号，作为损失赔偿风险基金，亦可视做公积金，存积于分店，付以一定之利息，除非经理人出店时，决不付还。年终，总号对分号的考核是“结利疲账定功过”，分号如果出现亏损或者坏账，分号经理负有首要责任，直接影响其人身股晋升或者红利，甚至可能被撤职辞退乃至下狱。

总结来看，山西票号极为强调总号对分号的绝对控制力，从分号经理的人员任命、薪酬支付、家族担保到分号经营过程中的日常报告、“月清”、“年总结账”，再到不予分号资本经营、分号资金运营调度权力全归总号等，各项措施无不指向一个共同目的，即强化总号对分号的绝对控制力，这与山西票号从事货币汇兑业这一高经营风险行业的背景紧密相关。分号经理的分红要留存一定比例作为损失赔偿准备金，这项措施正是2007年金融危机后各国政府加大对金融业高管薪酬监管，强调高管薪酬留存一定比例延期支付措施的滥觞。

当前，现代商业银行普遍采用总分行制的组织形式。总分行制是指一家银行能够在总行之下不同区域（包括国外）设立分支机构的组织模式。目前，世界上包括英国、德国、法国、日本等大多数国家都实行总分行制，我国商业银行也采取总分行制的组织模式。总分行制有利于筹集、调剂资金、提高资金利用效率,同时总分行制也有助于分散地域风险、增强竞争力。不过总分行制也有弊端，不仅可能导致过分集中和垄断，而且可能导致管理难度加大。当前,商业银行的分行均不分配资本,监管部门的资本充足监管对象也只针对商业银行的总行，各项风险指标考核总行落实，因此，强化总行对分行的约束力和控制力具有很强的必要性和现实性。从这个角度看，现代商业银行的总分行制同样需要借鉴山西票号采取的分行经理任命、汇报机制等有效措施，真正使分行受到总行的严密管控，降低经营风险。另外，在资金调度上，现代商业银行已经建立一整套总分行之间、分行与分行之间、分支行之间的资金调度机制和资金转移定价机制，从而更有利于资金成本核算和资金快速高效运转，这与山西票号“酌盈济虚，抽疲转快”的大原则相近，在细节上更加科学完善和先进。

总的来看，山西票号采取的联号制体现了商品经营企业与货币经营企业在股东构成、业务往来、信息共享等方面的共通性，是当代金融企业与实体经济企业愈加融合、联系愈加紧密的早期反映，金融企业服务于实体经济企业，山西票号与各行商号的联号经营既强大了票号、财东的实力，更牢固了票号与商号的合作关系，拓展了票号营业领域和收入来源，促进了票号的发展。从内部看，山西票号采取的总分号制大大延伸了票号的营业范围，使山西票号真正走出了山西，走向了全国甚至国外，在此扩张过程中，与之相配套的分号经理考核任命机制、分号信息汇报机制、总分号资金调度机制等制度值得现代商业银行学习和借鉴。

3.4 本章小结

第一，山西票号的企业文化从根本上讲是以人为本的文化，以所有者（财东）、管理者（掌柜）、职工（伙计）、客户的利益为本，治理机制、管理制度都在维系四者之间的和谐合作，取得共赢。

第二，在山西票号的产权制度中，有正本、副本之分和银股、身股之分，兼有股份制与合作制的优势。山西票号普遍采取的委托代理和两权分离，与现代商业银行普遍运用的公司治理机制基本一致。

第三，山西票号的顶身股与现代商业银行的员工持股在本质上是相同的，即都作为提升员工积极性、主动性和创造性的激励约束措施，是一种长期有效的激励机制和动力机制。

第四，“倍股”“厚成”“公座厚利”等制度是山西票号在资本金管理、风险拨备方面采取的特殊有效的约束性措施，蕴含了“共享收益、共担风险”的合作经营理念，经营中一旦发生风险，有身股的职工以“倍股”负有限责任；有银股的东家除倍股外负无限责任。

第五，山西票号采取的联号制体现了商品经营企业与货币经营企业在股东构成、业务往来、信息共享等方面的共通性，是当代金融企业与实体经济企业愈加融合、联系愈加紧密的早期反映。而山西票号内部采取的总分号制大大延伸了山西票号的营业范围，与之相配套的分号经理考核任命机制、分号信息汇报机制、总分号资金调度机制等制度值得现代商业银行学习和借鉴。

4

人本文化视角下的山西票号人力资源管理研究

The research of Shanxi Exchange's management based on the analysis perspective of humanistic culture

人力资源是指人通过体力、智力活动所形成的对价值创造起贡献作用的知识、技能、能力和品质等因素。人力资源首先是作为一种资源而存在，是一种为了创造物质财富而投入生产过程的要素；其次，人力资源和其他物质资源一样，需要进行合理的管理。人力资源管理就是开发、配置和增进企业员工的这些能力，是企业经营管理的一个重要组成部分，人力资源管理贯穿于企业经营管理的全过程。人力资源管理的关键在于通过适当的途径和机制把丰富的处于自然状态的人力资源开发转换为具有现实生产能力和知识技能的人力资本。“事在人为，得人则兴，失人则衰。”山西票号在经营管理中特别重视优秀人才选拔，尤其关注“人”的能力的培养，充分发挥员工的聪明才智，以“人”的发展促进票号的发展。基于此，本章从人才的选拔、培训与薪酬激励三个方面对山西票号的人力资源管理进行分析研究。

4.1 选拔机制

人才的选拔是人力资源管理的开始。山西票号学徒的资质和品德必须达到票号的要求，还要有保荐人，经过严格筛选被请进号之后，还要经过很长时间的学习和培训才能成为正式职工，之后再经过各个方面的考核才有可能“顶生意”，即晋升人身股。

4.1.1 新员工选拔制

山西票号对员工的选拔是从对学徒的选择开始的，对学徒的选择是很严格的。“票号以道德信义为根据，故选用职员，教养同人，非常慎重。”[①]新学徒的来源，原则上只在山西票号财东或经理的同乡人中选择。学徒入号，必须在有殷实的保荐人推荐和保证之后，还要满足很多条件才能被“请进”票号做学徒。“当练习生，求人说项之时，恐有不良遗传，必先问其以上三代做何事业，出身贵贱，再侦询本人履历资格，认为可试，再分口试和笔试两种，如属合格，择日进号，名为‘请进’。”[②]有的山西票号条件更为苛刻，“各庄所定苛刻，几乎无奇不有。如志成信所定招收伙友规则，年龄必须十五以上，二十以下，身高须满五尺，家世清白，五官端正，毫无残缺，语言辩给，举动灵敏，善珠算、

①颉尊三:《山西票号之构造》，1936年未刊稿；转引自《山西票号史料》，山西经济出版社，1990年，第612页。

②颉尊三:《山西票号之构造》，1936年未刊稿；转引自《山西票号史料》，山西经济出版社，1990年，第612页。

精楷书，而保证人必须与总号有利害关系。又如协成乾招收伙友规则，除年龄身家等大致相同外，更须仪态大方，习于礼貌，书算合格，不惮远行者方为合格。然此尚系普通条件，最可笑者，如存义公于普通条件外，更有创业老板（老掌柜）所遗鞋子一双，欲入该庄学业者，必须本人之足，与此鞋适合，方肯收录，此则匪夷所思矣。其他各庄，尚有以帽子一顶，或衣服一件，为量才利器者。”①

可见，山西票号对员工的选拔首先从年龄上加以严格的限制。其次，还对学徒者的外表、品行、家世和才能等都有严格的要求。再次是通过笔试与口试两种测试，对被测试者的能力作出判断，主考官一般由总经理一级的人物担任。笔试第一要考察文理通顺、字迹工整；第二是珠算，这是商人必备的一项素质，最后要由主考官亲自主持面试。所有测试全部合格，即可“择日进号”，名曰“请进”，这是为了表示对新进者人格的尊重。同时向其表白宣示，人人都有升任经理的机会，以鼓励其安心服务，充分发挥个人的聪明才智。山西商人中有一些赫赫有名的大掌柜，像雷履泰、高钰等人，都是小伙计出身。

在新员工选拔过程中，山西票号注重人的全面素质，尤其是道德素质，这就为以后长远发展奠定了良好的人才基础。

①李谓清：《山西太谷银钱业之今昔》，《中央银行月报》第六卷第二期，187页，1937年2月；转引自《山西票号史料》，山西经济出版社，1990年，第614页。

4.1.2 宗法约束

“清人家庭有如下特色：清人家庭观念极强，反映了中国文化的传统特色。清代生产力水平与生产关系决定清人家庭规模，家庭规模则反映出清代社会经济的状况和性质。”①宗法宗族思想观念在清朝长期对中国人的思维和行为产生很大的约束力，人们在人际交往中总会受到亲情、乡情的影响。

山西票号招收新职员，只用山西人，他省人一律不用，而且主要是财东和总经理的本乡人。“查山西票庄同业者，关于雇佣店员之规定，限于山西人，他省之人不得援用。”②山西票号中经理或员工违反了号规或做出了对山西票号不忠不义的行为，就要被开除出号，而别家票号也不会录用。“倘有经手伙友等亏挪侵蚀等情，一经查出，西帮人不复再用。”③对于有过失的员工，还会有损于其家族声誉和利益，“职员既多是山西人，若有作弊情事，老板很容易找到他的家族追究”。④山西票号选择新人入号时要“查三代”，就是要考察其家族内近亲、长辈中有无带污点的人，若有则山西票号就不予考虑。所以，经理或员工一旦做出舞弊事件，不仅会使自己身败名裂，而且会影响其家族声誉和子孙的前途。

①李文治、江太新：《中国宗法宗族制和族田义庄》第1版，社会科学文献出版社，2000年。

②贺觳晃：《中国经济全书》第11册，1910年，第192页；转引自《山西票号史料》，山西经济出版社，1990年，第613页。

③《续劝晋账号捐说》，《申报》，1879年5月25日；转引自《山西票号史料》，山西经济出版社，1990年，第608页。

④彭信威：《中国货币史》，上海人民出版社，1958年，第661页。

这样山西票号依靠宗法的力量约束了经理和员工的行为。

现代社会随着人们观念的转变，思想的开放，宗法制度的约束也逐渐淡化，现代商业银行的人才选拔也突破了地域和家族界限，商业银行在招聘时更注重其个人能力与素质，像山西票号只用山西人的这种观点已经基本不复存在。现代商业银行对人才的选拔基本都是公开选拔，这样，来自五湖四海的应聘者都有机会参与到应聘当中。

山西票号的宗法约束与现代商业银行的五湖四海的人才选拔机制的根本区别，在于各自所处时代的社会背景不同，从这方面来看，二者的人才选拔机制有很大不同。但是，山西票号注重利用宗法制度约束人们的行为，从而使得被录用的员工能够更加约束自己的行为，减少犯错误的机会，使山西票号减少了人力管理成本。

4.1.3 铺保制

山西票号在招收新员入号时，需要有殷实的保荐人推荐和担保，被举荐人出事，不仅累及保荐人名誉，保荐人还要承担经济损失。“使用同人，委之于事，向采轻用重托制，乃山西商号之通例。然经理同人，全须有殷实商保，倘有越轨行为，保证人负完全责任，须先弃抗辩权。”①所以，保荐人在推荐学徒时就要先

①颉尊三:《山西票号之构造》,1936年未刊稿; 转引自《山西票号史料》,山西经济出版社，1990年，第611页。

考察其品质，否则自己的信誉和经济都会受损。另外，“将保证人与被保人之关系，如无特殊牵连，最不易找。倘保证人中途疲歇或撤保，应速另找，否则有停职之虞。同人感于如此严厉，再受号上道德陶冶，故舞弊情事，百年不遇。”①所以，学徒在山西票号内的行为始终由保荐人负无限连带责任，这样对于山西票号而言，“铺保制度”又使其多了一层保护。“所以山西票庄营业，自清初迄今，其同业间未闻有危险之事，未始非雇佣人之限制，有以绝其弊端耳。”②

现代商业银行与员工之间普遍实行劳动合同制。劳动合同制是银行与职工在平等自愿、协商一致的基础上，通过签订劳动合同，明确双方的责、权、利，以法律形式确定劳动关系，并依照合同进行法制管理的新型用工制度。银行自用工之日起即与员工建立劳动关系，订立书面劳动合同。根据《劳动法》并结合银行自身实际情况，新入行人员，一般要实行试用期。试用期为六个月（新参加工作人员按规定执行见习期），试用期满经考核合格方能签订劳动合同，考核不合格的予以辞退。现代商业银行与员工实行合同制，是从法律制度上给予双方以限制，约束双方行为，而山西票号的铺保制度虽然仅仅是一种保证行为，但在当时的社会环境中，这对于员工以后的培养、山西票号的经营都是一

①颉尊三:《山西票号之构造》,1936年未刊稿；转引自《山西票号史料》，山西经济出版社，1990年，第611页。

②贺獻晃:《中国经济全书》第11册，1910年，第192页；转引自《山西票号史料》，山西经济出版社，1990年，第613页。

种无形的财富。

老子曰："千里之行，始于足下。"新员工的选拔是人力资源管理的第一关。山西票号从员工的选拔严格按照宗法约束和铺保制度，从源头上把握人的质量，减少其以后的人力资源管理成本，为以后良好的经营奠定了坚实的人才基础。

4.2 训育机制

职员被选拔进入山西票号以后，要接受培训教育，在对学徒进行业务技能训练和特殊技能训练中，思想道德训练贯穿其中，形成了山西票号独特的训育机制。

4.2.1 学徒制

山西票号用人，全要经过总号训练。训练以后，总号派出去驻号，分号无权用人。总号训练学徒一般是三年，到期派分号做事。有的聪明出众，两年也有被派到分号的。有的过于愚笨，不到三年就被开除出号。[①]在训练期间，有三个阶段：

第一阶段，主要是做日常事务，打水、扫地、侍候掌柜一切杂活，晚上练习写字和打算盘。每个学徒差不多都要做一年多时间这样的活。"黎明即起，侍奉掌柜；五壶四把（茶壶、酒壶、水烟壶、喷壶、夜壶和笤帚、掸子、毛巾、抹布），终

① 《乔殿蛟访问记录》，1961年1月；转引自《山西票号史料》，山西经济出版社，1990年，第613页。

日伴随，一丝不苟，谨小慎微……”[①]其间，掌柜还会考察他们是不是忠诚克勤，有无出息，适合不适合做生意。为考察号友人品，财东和掌柜还会时不时地故意遗失些碎银和铜钱，以观察他们是否忠诚无欺。如果藏匿不缴，就有可能被开除出号。

第二阶段，掌柜口传训练，教念“平砝银色折”，而且必须背熟牢记。学徒进号后必须利用业余时间熟悉业务，提高能力，如练习写字、打算盘，背诵砝码、银色歌、平码歌等。“练习生由总号年资深者训育，训育的科目，在技术方面为打算盘，习字，背诵平码，抄录信稿，练习写信及记账等……”[②]除此之外，开始做一些抄写或帮账之事。

第三阶段，掌柜认为最有出息的学徒，就可以在柜上跟着师傅（老职工）学习做生意。山西票号学徒教材《贸易须知》第一条说道：“学生意，第一要守规矩，受拘束。不守规矩则不成方圆，不受拘束则不能收敛深藏，即顽石须经琢磨方成器耳。”[③]这段时间内，学徒必须努力学习各种实际操作的方法，以期尽早“成事”。

“经过一定之时日，认为合格，始行录用。其后得为店伙，派赴各地分店，若见习生被认为不勤勉且不信用者，立即斥逐，非

①《贸易须知》晋商抄本。

②卫聚贤：《山西票号史》，重庆说文社，1944年；转引自《山西票号史料》，山西经济出版社，1990年，第613页。

③《贸易须知》晋商抄本。

但不得再入原店，并不许更进其他票号也。”[①]

山西票号非常重视学徒培养，从学徒收录以后，就开始对其进行全面的培养，注重员工的长期发展与塑造，全面提升员工素质，更好地开展业务。

4.2.2 品德教育

山西票号非常重视员工的道德训练。道德训练方面的主要内容是“重信用，除伪劣，节情欲，敦品行，贵忠诚，鄙利己，奉博爱，薄忌恨，喜辛苦，戒奢华等”[②]。所谓“重信用”，是指和别人打交道，说话做事要一言九鼎、说话算数。所谓“除虚伪”，是指要诚实待人，不要骗人。所谓“节情欲”，是指努力培养自己高尚的情操。所谓“鄙利己”，是指反对那种光顾自己不管别人的行为。所谓“奉博爱”，是指要发扬仁义精神，爱顾客、爱员工、爱社会。所谓“薄忌恨”，是指要与人为善，不能记恨在心、耿耿于怀。所谓“喜辛苦”，是指不畏辛苦，热爱劳动，有吃苦耐劳的精神。所谓“戒奢华”，是指员工之间要比工作、比业绩，而不是比吃喝、比穿戴，这会泯灭人的斗志，与艰苦的从商工作的要求相违背。

对于一些大企业而言，对员工的教育，则会形成一套系统的

①卫聚贤:《山西票号史》，重庆说文社，1944年；转引自《山西票号史料》，山西经济出版社，1990年，第619页。

②卫聚贤:《山西票号史》，重庆说文社，1944年；转引自《山西票号史料》，山西经济出版社，1990年，第614页。

制度和要求，如祁县大德通票号极盛时期坚持“延名师教育伙友，讲名著培养立身基础”，“黜华崇实，不为习俗所移，且盖加慎敏，延名师教育青年伙友，讲名著培养立身基础……命阖号同人皆读《中庸》《大学》，盖取正心、修身，而杜邪教之人。”①

道德培训结束后，还要进行道德修养的考核。具体的考核办法有：“远则易欺，远使以观其志；近则易狎，近使以观其敬；烦则难理，烦使以观其能；卒则易难，卒问以观其智；急则易爽，急期以观其信；财则易贪，委财以观其仁；危则易变，告危以观其节；久则易惰，班期二年以观其则；杂处易淫，派往繁华以观其色。”②由此可见，山西票号道德考核范围是非常全面和完善的。

山西票号对员工的技术培训使其熟悉了山西票号的业务，提高了工作效率，而与此同时进行的道德教育则增强了职工对山西票号文化的认同感，使员工将票号发展与自己的价值取向合而为一，既避免了一些由于员工本身的品德差异带来的道德风险，又增进了职工的业务能力。

4.2.3 业务技能训练

山西票号的专业技能训练，主要包括对票号经营过程中基本

①卫聚贤：《山西票号史》，重庆说文社，1944年；转引自《山西票号史料》，山西经济出版社，1990年，第612页。

②卫聚贤：《山西票号史》，第57—58页，1944年；转引自《山西票号史料》，山西经济出版社，1990年，第613页。

服务的了解和对本职工作专业技能的掌握。基本服务技能是指企业员工应该具备的最起码的待人接物的技能，此项技能的培训主要在学徒期间进行。学徒被录用以后的一年中，主要任务就是做日常杂务，诸如打水扫地、伺候掌柜等。“学生意，清晨起来，即扫地、掸柜、抹桌、擦椅、添砚池水、润笔、擦戥子、拎水与人洗脸、烧香、冲茶，俱系初学之。学生意，扫地先将水洒，可免喷灰。次之，一帚压一帚，轻轻而扫，勿使尘飞。客到，俟客坐定，即斟茶，双手之请茶奉过，退两步，再回头走。茶吃过，即奉烟、请烟。如客坐多时，再茶再烟。客去即将茶盅烟袋归于原处，不可东搭西掼。”[①]这些杂事看似不重要，却是山西票号培养人才的第一步，只有做好了杂事，培养起对长辈、顾客的尊重和合乎礼法的举止，才有可能取得信任、赢得生意。细节决定成败，通过规范学徒的言行举止，培养他们的待人接物能力，为他们日后融入市场、视顾客如上帝，进而为企业促成生意、树立企业形象奠定了良好的基础。在技能方面，票号主要培训书写和珠算，还要求学习、背诵“平码银色折”，以熟练掌握各地平码银色的折算标准，识记山西票号内部的密押等；普通商号则侧重于交易产品知识、营销技巧、交易方式，如“切口”（一种用手谈价的方式）等的培训，要求员工对主营业务的产品了如指掌，知道其产地、价格、主要特点等知识，了解物品从产地到销地包括途经地点的风土人情等。

①《贸易须知》晋商抄本。

山西票号的专业技能培训种类繁多、门类齐全，全部是为了提高员工的业务水平。通过专业技能训练，员工基本能力有了大幅提高，“业务上之统筹方法，计算上之经济技巧，无一不通”。①

4.2.4 特殊技能培训

对于业务流程中包含物资运送、对外交流（包括外国地区、少数民族地区）等环节的企业，山西票号还对其员工培训诸如骑马、驾骆驼、学习语言等方面的特别训练，有些设有边疆地区分号，学徒职工必须通晓当地民族语言，如俄语、蒙语、日语等。山西票号对学徒的录用培训十分严格，“且择齿近弱冠之年少略知写算者使习为伙，历数载，察其可造，酌予身股，其在蒙古者通蒙语，满洲者通满语，在俄边者通俄语。每日昏暮，伙友皆手一编，习语言文字，村塾生徒无其勤也。”②

山西票号通过对学徒的专业技能训练，道德教育贯穿始终，用业务与品质结合的培训方式培养员工，无形的道德观念根植于内心，指导着实际的业务操作。这种选拔和培训机制不但使员工掌握了熟练的技能，更受到了思想上的熏陶，能使员工全面发展。

---

①卫聚贤：《山西票号史》，重庆说文社，1944年；转引自《山西票号史料》，山西经济出版社，1990年，第615页。

②（清）徐珂：《清稗类钞》，中华书局，1984年；转引自《山西票号史料》，山西经济出版社，1990年，第614页。

4.3 薪酬激励机制

物质资本归根到底还是要靠人力资本来运营，因此，企业必须较好地设计薪酬激励机制，较好地对员工进行激励，促进其不断提升自身业务素质和思想素质。山西票号注重在物质与精神方面给予员工以激励，使得东伙齐心协力，创造了票号的辉煌。

4.3.1 薪酬制度

山西票号给员工的薪酬是很丰厚的，顶有身股的职员，每年发给应支和津贴，应支在账期分配红利时扣除，津贴则出账。没有顶身股的职员，则发给薪金，到年底还有赏钱。

（1）身股分红

山西票号的顶身股制度是一种激励制度。掌柜、伙计虽然没有资本金，但是可以凭借自己的资历以及在山西票号中的功劳作为顶身股入股，而与财东的银股一起参与山西票号的分红。“各伙友入号在三次账期以上，工作勤奋，未有过失，即可由大掌柜向股东推荐，经各股东认可，即将其姓名登录于万金账中，俗称为‘顶生意’。”①山西票号实行人身股与财东的资本股均等分红的办法，“‘人股’即俗所称‘顶身股’，并不实缴股金，即以全部管事伙友之心力，作为若干股，得与实缴资本各股东，均分红利之谓也”。②

---

①李谓清：《山西太谷银钱业之今昔》，见《中央银行月报》6卷2号，1937年2月；转引自《山西票号史料》，山西经济出版社，1990年，第583页。

②杨荫溥：《上海金融组织概要》，第88页；转引自《山西票号史料》，山西经济出版社，1990年，第631页。

顶身股制度一方面可以保证正式顶身入股的伙计是经过山西票号十多年考验的可靠人员；另一方面，对于这些辛勤工作、忠于票号的伙计而言也是一种褒奖，同时它也激励着其他伙计全心全意地为票号工作。对于那些没有资格入股的伙计则按年领取辛金（即“薪金”），实为年薪制，一年领一次或分两次领取，到年底还有赏金。学徒也按入票号的年限领取薪金，以后逐年视个人绩效增加薪金，领到一定年限或有突出业绩时就有资格享受初级的“顶身股”了。例如，大德通票号在光绪十五年（1889年）分红账中，总盈利为24 723两，每股分红850两，财东分得17 000两；而到光绪三十四年（1908年）分红时，大德通票号总盈利为743 545两，每股分红17 000两，财东分得405 500两。①下表为大德通票号各账期资本额、盈利总额和每股分红。

表4–1　大德通票号各账期资本和利润率

年份	资本额（两）	盈利总额		每股分红（两）	股利增长指数
		银两	占比资（%）		
1889	100 000	24 723	24.72	850	100.00
1892	130 000	—	—	3040	357.65
1896	140 000	—	—	3150	370.58
1900	160 000	—	—	4024	473.41
1904	180 000	—	—	6850	805.88
1908	220 000	74 3545	337.98	17 000	2000.00

资料来源：孔祥毅：《金融贸易史论》，中国金融出版社，1998年，第129页。

①大德通1889年、1908年分红账，转引自《山西票号史料》，山西经济出版社，1990年，第631—632页。

从上表看出，大德通票号在1889～1908年这20年间，每股利润增长了20倍。从财东的角度看，尽管其资本投入增加了120000两，但其盈利能力增加了313.26%，财东分红额几乎增长了23倍。从职员的角度看，1889年分红额占总盈利的31.24%，到了1908年，职工分红额占总盈利的45.46%，占比增加了14.22个百分点。从以上分析可以看出，人身股制度能激励员工将票号的总体发展和个人自身利益最大化两者合二为一，增强员工的责任感，以“主人翁”的态度积极参与到山西票号的经营管理中。财东允许掌柜及够资格的伙计以自己的业绩和资历入股，给他们以顶身股分红，把员工的切身利益与票号的利润捆绑在一起。“身股制”巧妙转化了掌柜、伙计的工作目的：把直接为票号、间接为自己，转变为直接为自己打工，员工“为自己”工作的内在动力和需求被强烈地激发出来。员工顶身股越多，说明他为票号创造的利益就越大，他所得到的利益也越多，而他与票号整体利益的矛盾冲突就越小。由于分红总额增大了，财东最终所分得的红利不是少了，而是大大增加了，是近让小利，远收大益。

20世纪60年代，美国经济学家西奥多·舒尔茨、贝克尔等人提出了人力资本理论，该理论认为在物质资本之外存在人力资本，指体现在人身上的资本，即对生产者进行教育、职业培训等支出及其在接受教育时的机会成本等的总和，表现为蕴含于人身上的各种生产知识、劳动与管理技能以及健康素质的存量总和。在具体实践中，西方企业普遍建立了完善的人力资本股份制度，如职工持股、虚拟股票、股票期权计划等。其中股票期权计划最早产生于20世纪70年代早期的美国，从80年代开始被越来越多的企业所运用，尤其是在西方发达国家的大型上市公司中得到普遍实施，目前，几乎90%的上市公司都有股票期权计划，对企业的发展起到了很好的促进作用。

与西方的期股制度相比，晋商"人身股"制度具有一定的先进性，表现在：

第一，时间的先进性。晋商"人身股"制度产生于15世纪，比西方的期股制度早了大约500年。第二，覆盖范围的先进性。人身股的覆盖范围比股票期权制大得多。人身股适用于掌柜、经理和优秀伙计，人员大致可达30%左右，而股票期权制主要适用于高级管理层，范围较小。第三，激励时效性不同。人身股无期限限制，在任期内都有效，并且可延伸至"故股"一到三期，激励时效长，作用大，避免了人身股持有者的短期化行为；而在股票期权激励中，由于期权的行使期限已经设定，因此，期权持有者往往关心的是其股票在行使期内的短期价格，而非公司长期价值，因而不能使经理人与股东利益完全一致。

（2）应支

山西票号内"'顶身股'的人员，每年按其股厘的数目，给予应支的款项名曰'支使银'，或简称'应支'。每年应支，大概每股多则五百两，少则三四百两不等，分四季支用。到了三四年后'合账'（亦称大账期，即会计年度）分红时候，无论'应支'多寡，概由各人应得的红利内扣除。上至大掌柜，下至各职员，同一待遇，倘若营业很坏，没有红利可分，则‘顶身股’者，除每年‘应支’由号中出账外，毫无所得”[①]。也就是说已顶身股的职员只有在到账期时才有分红，平时一般没有薪金，但是有一定的津贴，平日可以提前支取“应支”，以备日常之用，到账期分红时，在各人所得的分红中扣除，若此账期内票号经营不善，没有分红，则顶有身股的职员就只有应支所得。大德通票号光绪十年（1884年）所立的号规中记载：“号内身股，每年应支：一分以一百二十两，九厘一百一十两，八厘一百两，七厘九十两，六厘八十两，四五厘七十两，三厘六十两，二厘五十两，春冬两标祁铺下账。”[②]光绪十四年（1888年）号规中记载：“各顶身力，每年应支：一俸者以一百五十两，九厘以一百三十五两，八厘以一百二十两，七厘以一百一十两，六厘以一百两，五厘以九十两，三厘以八十两，二厘以七十两，一厘以六十两，每年春冬两标下支。”[③]

（3）薪金

山西票号所用职员，初进号时，除食宿费由号中供给外，其薪俸每年仅七八两，以后逐年视成绩优劣递加薪金，故须在号中有十余年历史，薪金始能增至八十两或一百两。

①陈其田：《山西票庄考略》，第87—88页；转引自《山西票号史料》，山西经济出版社，1990年，第604页。

②《大德通设立时号规——光绪十年新号议定号款录》，山西财经学院收藏；转引自《山西票号史料》，山西经济出版社，1990年，第596页。

③大德通《光绪十四年三月初六日合账重议号规款录——第一次修改章程》；转引自《山西票号史料》，山西经济出版社，1990年，第597页。

在票号中对于“没有‘吃股’的伙友们，则按年给予薪水，自二三十两至七八十两、一百两不等。或一年领一次，或一年分两季支取。领薪水者，到年底尚有赏金。学徒也有薪水，每年八两居多。年终赏钱大概有几两。学徒的薪水，按其成绩逐年增加一次，自二两、四两起至十二、十四两止，到了年俸可得七八十两时，则有资格‘顶身股’一二厘了。”①从以上史料中可以知道没有“吃股”（即享有身股）的职员，实行年薪制，以后按成绩优劣逐年增加，表现佳者，大约十年左右的时间就有资格顶身股了。领薪水的职工和学徒，到年终还有赏钱。

表4-2　光绪末年上海的山西票号职员设置及薪资待遇

职员名称	人数	薪资待遇
正掌、付掌	各1人	不给薪金，只供实际使用
外账房	2	月薪各24两
内账房	2	月薪各24两
跑市	2	月薪各24两
跑街	4	月薪每人18～24两
应付宾客	2	月薪每人24两
管银	2	月薪16两
小伙	2	月薪每人6～8两
司务	8	月薪每人铜钱2000文

资料来源：据《清国商业总览》卷四统计整理。

①陈其田：《山西票庄考略》，第87—88页；转引自《山西票号史料》，山西经济出版社，1990年，第604页。

表 4–3 协成乾山西票号号伙薪金统计（1906 年）

全号人数	有薪金的人数			没有薪金者	
	顶身者	未顶身股	合计	人数	占全号人数（%）
112	32	64	96	16	14.28

资料来源：据太谷县《协成乾人名折》编制。

从表 4–3 和第三章表 3–2 可以看出，初入号者报酬极低，只能用于零花；年资为薪金增加的主要依据，各薪金段员工的数量大体相同；有两个薪金增加的极限，薪金最高者为 100 两白银，只有少数高级职员，才可能达到薪金百两，对多数员工来说，70 两为增长的极限。

山西票号中，作为基本工资形式的“薪金制”保证了刚入票号的普通伙计的生存、发展，使得那些没有享受“顶身股”的伙计也可按其工作年限和业绩受到激励，避免了在激励制度中只重对掌柜和重要伙计的激励而忽视普通伙计的现象，从而为票号的稳定成长提供了最根本的制度基础。山西票号“薪金制”的经验，注重发挥所有员工的主观能动性，使其共同参与企业的价值创造。

现代商业银行的工资分为基本工资和绩效工资。基本工资是以员工的工作岗位或职务为依据而获取的劳动报酬，具有相对的稳定性。基本工资采用岗位工资制度，根据岗位的技术含量、岗位责任、市场的替换成本对岗位进行分级，不同的岗位，待遇不一样，实行“定岗定薪、异岗异薪”。绩效工资，它主要根据商业银行的经营状况和员工的个人绩效综合考虑。由于目前我国商业银行的绩效考核指标不完善，导致绩效工资不具有竞争性。所以，商业银行要确定合理的综合业绩考核指标，对员工的绩效工资进行确认和计量，考核员工的业绩必须基于广泛的因素而非单一的标准，以避免鼓励员工为追求单一的业绩而牺牲银行其他重要方面。对员工业绩的考核目标应该包括单位的业绩和个人的业绩，以激励员工以个人奋斗和团体协作相结合，为提高银行整体业绩而多作贡献。

4.3.2 福利制度

山西票号除了给其员工顶身股和发放薪金之外，还有很多福利和保障制度。员工的伙食和衣资由票号开支，定期有休假，票号还会创办义学，免费让员工子弟入学，如子弟品质良好，还可以到山西票号工作。对已“顶身股”的员工去世后，财东视他们生前贡献的大小及所顶身股的多寡，还给其家属发放一至两个账期的应支、津贴和红利。

（1）伙食与衣资

“总号人员……除日用饮食归号开支外，其余衣服零用，皆归自备。分号人员，除经副理应支、赚薪入薪水均由总号支给，往来川资亦归总号给予出账外，至彼等在外之衣服零用，均由分号给予出账，但有等级规定（大概经理每月十两，副理八两，其他人员六四两不等），日用饮食，亦归各分号开支。”[①]可以看出

①范椿年：《山西票号之组织沿革》，《中央银行月报》第四卷第一期，1935年1月；转引自《山西票号史料》，山西经济出版社，1990年，第605页。

总号人员的日用饮食、分号人员的往来川资归总号开支，分号人员则更加优待，甚至衣服零用都归分号开支。“关于分号职员待遇，有一两则传闻，颇有趣闻。职员初来票庄时，只带一小包，到号中则制被褥和衣服，到了‘下班’，则全副带回去。原先衣服由号供给，后来票庄为缩减费用起见，只管衣服里，不管面。当时职员则出花样，用次等的料做面，用绸缎做里。到‘下班’时，则将里面翻改。”①这些都可以看出山西票号的待遇是比较优厚的。

（2）山西票号的“班期”

“票庄与其他旧式的商业机关一样，没有定期休息。但各职员依一定服务的年限及地方的远近，可得多少假期，总号人员两三个月可以休息七天。太原分号一年休息两个月，天津及其他各地分号，原先三四年休息半年，后来因为交通便利，改为两年或两年半，休息一次。东三省及边陲远处，则五年后休息一年，因为路途遥远，旅费太多，往返不易。不论几年休息一次，概称为‘班期’，到休息时回家，即所谓‘下班’。”②“在分号路远者，如东三省、蒙古、新疆等，每五年回家一次，名为‘下班’，在家居一年，后改为三年。现在平、津、上海等地，因交通便利，每两年回家一次，在太原及祁县者，每年给予假期两个月。分号上

①陈其田：《山西票庄考略》，第88—89页；转引自《山西票号史料》，山西经济出版社，1990年，第605页。

②陈其田：《山西票庄考略》，第89页；转引自《山西票号史料》，山西经济出版社，1990年，第610页。

下班的路费，均归号中。‘下班’时先要到总号，将己身随带衣物，录一花折，开明支使银两，随身如数结束。”[①]以上史料说明山西票号的休假时间还是很合理的。

4.3.3 社会保障

(1) 子弟教育

明清时代的山西商人非常重视教育，他们经常为书院、义学捐款助学。史料记载临猗县孙家庄荆百达，“幼好读书，以家贫贸易河南。因始不染市井气习，年迈归里，修理祠堂，教训子弟”[②]。永济县“秦魁炎，上阳村人，少壮业商，而苦读于小学。尝于村东购麻谷，废寺创立书院，名曰‘归儒’”[③]。新绛县“韩杰，字汉卿，……捐舍修学为诸生昌。平生所积，以仗义散尽”[④]。高平县大商业家族赵家在侯庄修建书房学馆七所，其中在清乾隆末年“三和堂”分居鼎立，各修学馆一所，其院落至今还在。到清咸丰、同治时，赵家第七代传人又捐资建立义学一所，不仅供自家子弟读书使用，同时供全村孩子学习使用。[⑤]这样由山西商人

①卫聚贤:《山西票号史》，第59—60页；转引自《山西票号史料》，山西经济出版社，1990年，第610页。

②《续猗氏县志》光绪版，卷上；转引自：孔祥毅:《金融票号史论》，中国金融出版社，2003年，第376页。

③《永济县志》光绪版，卷13；转引自：孔祥毅:《金融票号史论》，中国金融出版社，2003年，第376页。

④《新绛县志》民国版，卷5；转引自：孔祥毅:《金融票号史论》，中国金融出版社，2003年，第376页。

⑤孔祥毅:《金融票号史论》，中国金融出版社，2003年，第376页。

捐资创办的书院、义学、私塾可以免费让其员工的子弟上学，不仅解除了员工的后顾之忧，也为其以后经商培养了人才。

另外，山西票号对“其发起之人及效力年久者，于其身后，必给身股以赡其家，子孙而贤，仍可入号”[①]。也就是说，山西票号对于对票号贡献较大的员工的子孙，若是资质品德良好，可以进入号内工作，解决一部分子弟就业问题。

（2）故身股

山西票号中除了上述的各项福利外，还有一个独特的社会保障制度——故身股制，它是对顶身股制的延续和补充。所谓的“故身股”，指票号中已顶身股的伙友去世后，财东视他们生前贡献的大小及所顶身股的多寡，在几年内，还给其家属发放其生前享受的待遇。在《山西票号史料》中记载了大德通票号三个账期分红账中的“故身股”，光绪十五年（1889年）的分红账中“计开故股：振基梁已人力六厘，应分得余利宝银五百一十两。迪功温已人力四厘，应分得余利宝银三百四十两。溯曾阎已人力三厘，应分得余利宝银二百五十五两”[②]。光绪三十四年（1908年）的分红账中“计开故股：延桂许已人力九厘，应分得余利宝银一万五千三百两，应公存银九百两。朝镔韩已人力七厘，应分得余利宝银一万一千九百两，应公存银七百两。高璞已人力四厘五，

①徐珂：《清稗类钞》第十七册，农商类，第70-71页；转引自《山西票号史料》，山西经济出版社，1990年，第582页。

②大德通《光绪十五年分红账》，转引自《山西票号史料》，山西经济出版社，1990年，第632页。

应分得余利宝银七千六百五十两，应公存银四百五十两。兆鸿何已人力三厘，应分得余利宝银五千一百两，应公存银三百两。通垣陈已人力一厘五，应分得余利宝银二千五百五十两，应公存银一百五十两"①。民国十四年（1925年）的分红账中"计开故股：高钰已人力一分，应分得余利宝银八千两。调元赵已人力七厘五，应分得余利银六千两。其汉宗已人力六厘，应分得余利银四千八百两。书翰张已人力三厘五，应分得余利银二千八百两。苗秀已人力一厘五，应分得余利银一千二百两"②。这些都是关于山西票号中已故职工享有的分红数。

另一方面是关于分红年限，已故职工享有的分红年限与其身股数密切相关。大德通票号光绪十四年（1888年）的《号规》规定："人力故股，一厘至六厘，四年清结，七厘至一俸，六年清结。若初顶身股，未经账期而故者，勿论多少，三年清结。若功绩异常，或临故有毁之事，宜加宜减，众东另议。"③大德通票号《光绪三十年合账众东添规五条》规定："号伙故股一厘至三厘者以三年清结，四五厘者以四年清结，六七厘者以五年清结，八九里者以六年清结，一俸者七年清结，生意亦一俸，当过领袖者以八年清结。如有俸股，请进未有四年而故者，一厘至五厘二年，

①卫聚贤：《山西票号史》，第62—70页；转引自《山西票号史料》，山西经济出版社，1990年，第633页。

②大德通《民国十四年分红账》，转引自《山西票号史料》，山西经济出版社，1990年，第634页。

③大德通《光绪十四年三月初六日合账重议号规款录——第一次修改章程》，转引自《山西票号史料》，山西经济出版社，1990年，第598页。

六厘以上者三年清结。”[1]这些史料说明身故后职工享有的分红年限与其生前的身股数成正比，也参考其生前功绩的大小，再给其家属发放一至二个账期的应支、津贴和红利。

“故身股”的设立，对顶身股者及其家属而言，是一种无言的情感慰藉和巨大精神的激励，潜移默化中增强了山西票号的凝聚力，某种程度上，也体现了山西票号业的社会保障制度。

（3）精神文化生活

山西票号除了给其员工物质激励外，还会在精神上给予照顾，逢年过节时，山西票号会组织戏剧、秧歌、社火等活动，平时闲暇时间练习武术，都丰富了员工的业余生活。

明清晋商“致富皆在千里或万里之外”，他们因远离家乡，便经常不惜重金邀请家乡戏班到他们所驻商埠所在地演出。在山西商人聚集的商业重镇大多有山西会馆，而会馆内多筑有戏台，逢年过节或每月初一、十五，同乡欢聚一堂，祭神祀祖，聚餐演戏。[2]另外，逢正月初一到二月初二，商家还会以秧歌、社火等形式开展迎喜神活动。光绪时，秧歌剧曲内容与生活进一步贴近，颇受群众喜爱，太谷秧歌有不少反映商人生活的剧目，用太谷方言唱，唱词、道白诙谐风趣。社火，是旧时在节日扮演的各种杂戏。清后期晋中多富商，每逢年节，商家也会组织社火，供自家子弟

①大德通《光绪三十年合账众东添规五条》，转引自《山西票号史料》，山西经济出版社，1990年，第600页。

②张正明：《晋商与经营文化》，上海世界图书出版公司出版1998年，第176—177页。

和乡亲们欣赏，所以，这一带的社火也十分繁盛。[①]此外，由于晋商外出经商常在数千里外，经常会遇到意想不到的困难与险阻，甚至盗贼的袭击，因此，晋商历来重视武术，并有不少山西商人自己练就武术以强身和防卫盗贼袭击，甚至参加军事斗争抗击入侵海盗。[②]

4.3.4 身股晋升

山西票号对于人才的选拔要经过如下程序："每一伙友入号，日间在门市部练习，晚间收市后，分由各高级伙友教授珠算及文字。半年以后，经高级人员推荐，乃有练习跑街资格。上市经年，经高级人员认为可以造就者，乃派充录信员，先誊各埠来函一年，后经文牍先生赏识，乃改缮外发信件，同时由文牍先生教以文字学。再经年余，乃有升充帮账之望。帮账半年后，遇各分庄有调换人员之举，经高级人员提拔，乃得派赴各埠分庄服务。一经外派，身价立高，勿问在分庄担任何项职务，皆有二老板之身份。"[③]这就是山西票号对于优秀学徒的一个晋升途径，即学徒—师傅—掌柜，三年期满认为资质聪颖者就被派到分号做事，并以二掌柜的身份对待，而那些过于愚笨者，可能不到三年训练期满

①张正明:《晋商与经营文化》，上海世界图书出版公司，1998年，第181—182页。

②张正明:《晋商与经营文化》，上海世界图书出版公司，1998年，第192页。

③卫聚贤:《山西票号史》，第57—58页；转引自《山西票号史料》，山西经济出版社，1990年，第614页。

就被开除出号了。

山西票号员工从学徒开始，坚持学习、不断进取，凭借自身专业能力的提高和逐渐积累的经验，逐步提升，从学徒到伙计，直至掌柜。通过这样一套选人机制，能确保在重要岗位上的人不仅业务能力强，道德素养也比较好。对这种道德素养比较好的人，再加上一整套约束力比较强的约束机制，基本上可以保证这些人不会滥用权力，不会以权谋私，更不会背叛东家和商号。

山西票号为员工的全面发展创造了相应的环境和条件，在员工发展的环境和条件中，一个很重要的方面就是对人力资源的投资。山西票号对员工的激励机制是多层次、全方位的。顶身股可使员工得到长期的利润分红；应支和薪金使员工得到了目前的满足；伙食和衣资由号内开支，还有定期休假；山西票号创办义学免费让员工子弟上学，若子弟贤能，还可入号工作；山西票号还会照顾到员工的精神生活，不定期开展娱乐活动；员工身故，“故股”又解除了员工的后顾之忧。山西票号从物质激励到精神照顾，从员工生前到身后的全面激励措施提高了员工对票号的忠诚度和感情，也使他们的个人利益获得了切实可靠的制度保障。山西票号的人力资源管理以票号的共同目标为引导，并以此指导员工自己的行动，否则个人的自我管理和自我发展会导致与票号目标的冲突，从而使票号的最终目标难以实现。因此，山西票号的以人为本是员工个人价值与票号整体目标实现的统一，通过对人的管理来实现票号的发展目标。

4.4 本章小结

山西票号的人力资源管理，包括人才选拔机制、训育机制、约束机制、激励机制、考核机制、号规管理与生活关心等。山西票号尊重人、依靠人、发展人、为了人，通过人力资源管理把普通的人力资源转换为具有现实生产能力和知识技能的人力资本，从根本上讲，是人本文化的表现。

第一，山西票号很重视人力资源管理。票号的人才选拔机制注重乡土情结，通过训育机制使员工掌握全面的能力素质，激励机制给予员工物质与精神激励。从人才的选拔、培养、晋升，票号都有一套自己完整的人力资源管理体系，真正通过经营人来经营业务，实现人与票号的和谐发展。现代商业银行面对激烈的竞争，往往因过于注重业务发展而忽视了人力资源管理，并未重视到人力资本对企业可持续发展的重要作用。因此，现代商业银行应该更新观念，重视人力资本，通过人性化的管理方式，最终以人带动业务发展。

第二，山西票号通过人力资源管理，最大限度地激发员工投身到票号发展事业的积极性和创造性，使员工与票号发展有机地融为一体。山西票号通过顶身股制度的激励，对员工能力进行激励，给予员工物质、精神激励，最大限度地调动了员工的积极性。这样，学徒、伙计和经理都把票号作为自己的事业，具有很强的凝聚力。而现代商业银行在人力资源管理上比票号有所放松，侧重于如何合理配置人力资源，但对如何提升人力资源自我实现、自我发挥的积极主动性方面有所欠缺，未能真正把银行的人力资本提升和全行发展有机结合起来。

第三，山西票号的人力资源管理直接体现其企业文化，是票号软实力的体现。山西票号在用号规管理员工的同时，切实营造出和谐的企业氛围，而这种无形的企业氛围又会对员工价值观产生潜移默化的影响，使全体员工能够认同并将其根植于心，形成一种合力，形成票号独特的企业文化。现代商业银行在人力资源管理方面，往往通过硬性的管理，用严格的规章制度进行约束，这本身是为了减少各种风险，促进内部控制机制的健全。但是应该补充思考如何通过对人力资源的管理使员工产生向心力，减少管理成本，凝聚管理合力，真正通过人力资源管理促进企业文化软实力的提升。

5

人本文化视角下的山西票号经营战略研究

The research of Shanxi Exchange's management based on the analysis perspective of humanistic culture

经营战略是企业面对激烈变化、严峻挑战的环境，为求得长期生存和不断发展而进行的总体性谋划。正确的经营策略是企业取得竞争优势的核心要素之一。

山西票号自创立以来，在经营中高度重视各类策略的运用，比如金融创新、业务拓展、同业合作等等，取得了很好的效果。在经营中，山西票号很好地将人本文化理念贯彻落实到经营战略中，注重激发员工在经营上的创造性，强调规范员工的行为理性化，提升员工的忠诚度和责任感，以此促进经营战略目标的实现。从某种意义上说，山西票号的经营战略是以人为核心，以人本文化为出发点和落脚点，依靠人，重视人，具有鲜明的特点。

5.1 金融创新

创新是企业不竭的灵魂。山西票号通过研究市场、服务市场，为满足客户的多种需求，不断开辟新的服务领域，创立新的服务项目，在开拓创新过程中不断发展壮大。山西票号的金融创新包括金融工具、金融机构、金融业务、金融技术、金融制度等方面的创新。票号注重发挥人的主观能动性和创造性，注重人才的培养与塑造，有了“人”之后才有了各种金融创新，而金融创新又满足了经济社会发展的需要。

5.1.1 金融工具创新

金融工具的创新是金融创新是否活跃的最佳表现。在票号出现以前，山西金融商人就根据社会需要创造了许多信用工具[①]：①凭帖：本铺出票，由本铺随时负责兑现，相当于现在的本票。②兑帖：也做附帖，本铺出票，到另二铺兑取现银或制钱，类似于现在的支票。③上帖：有当铺上给钱铺的上帖和钱铺上给当铺的上帖之分，彼此双方已有合同在先，负责兑付，类似于现在的银行承兑汇票。④上票：非钱商的一般商号所出的凭帖称上票，信用自然要差一些，钱商也可以接受，类似于现在的商业承兑汇票。⑤壶瓶帖：有些商号(包括钱庄)因逢年过节资金周转不灵，自出钱帖，羞以印记，用以搪塞债务，因其不能保证随时兑现，

①孔祥毅：《山西货币经营资本研究》，见《金融票号史论》，中国金融出版社，2003年，第53页。

只能暂时“装入壶瓶，并无实用”，故称壶瓶帖。⑥期帖：出票人企图多得一些收入，在易银时，开写迟期票据，到期时始能取钱，需计算期内利息，类似现代的远期汇票。

山西票号出现后，又创设了一些新的金融工具：①即票和期票：票号办理的汇兑业务，有票汇、信汇、电汇三种形式。但采用最多的是票汇形式。汇票按期限不同又分即票和期票两种。即票即票号见到持票人之汇票后，当即付款兑现，一般用于汇款数额小者；期票则是约期付款，主要是为了便于票号的经营，避免因汇款额较大，见票付款的困难，不致因一时付款困难，影响票号的信誉，因而汇票上明白地写有“见票迟几天交款”的字样。持票人必须按规定等数日才能提款，如果持票人因某种原因需要提前取款，持票者就要缴纳一定的手续费用，票号将这种费用称之为期票贴现。与此同时，为了防止出票之家倒闭或任意推诿，不能按时付款等现象，当地山西票号行业规定照票注明某日照交，添盖戳记，为汇款者提供一定的保证。②兑条：对小宗汇款，不用汇票，而是书一纸条，即“兑条”从中剪开，上半条给汇款人，由其转寄收款人，下半条寄交款的联号，相对领取，盖不用保。[①]③旅行支票：票号应异地贩运商人在沿途不同地点办货的需要而签发的一种可以一次签发、分次在不同地方分支机构支取的汇票，“类似现在的旅行支票或信用

①卫聚贤：《山西票号史》，陈其田：《山西票庄考略》；转引自《山西票号史料》，山西经济出版社，1990年，第645页。

卡”[①]。如客商外出旅行，假设由汉口到上海办货，可将一定数额的款项，如将1万两白银交给票号在汉口的分号，汉口分号开出一张汇票，客商当即说明途中经南京、杭州，需要提取部分现银，到上海后全部提出购货，汉口分号即通知南京、杭州分号，说明汇款人（亦是提款人）的姓名，汇票密码，待汇款人到南京后，可到指定分号提款若干，南京分号在提款人手执的汇票上加注已提款若干，下余若干，到杭州亦如此，直到上海一次提完，并由上海分号收回汇票。这种办法，如同现在的旅行支票或银行的信用卡，不同之处是现在的信用卡可以透支少数款项，票号汇票一般不许透支，尽管这样，仍说明当时山西货币商人的信誉和服务技术已到了相当高的水平。

金融工具是证明债权债务关系并据以进行货币资金交易的合法凭证，是货币资金或金融资产借以转让的工具。山西票号根据商业活动的发展需要进行了金融工具的创新，这些金融工具完善了金融市场，规避了风险，适应了社会生产力的发展需要。金融工具的创新是从人的需要的角度出发的，体现了以人为本的文化。现代商业银行的各种金融工具，如本票、支票、汇票等很多金融工具的雏形与山西票号的基本一致。

5.1.2 金融机构创新

中国的金融机构从南北朝时期的典当发展到明清时期的钱

①孔祥毅：《明清时期山西货币商人的金融创新》，见《金融票号史论》，中国金融出版社，2003年。

庄、账局、票号，是为了满足商品经济不断发展的需要。当铺是从事消费抵押信用的金融机构，是最原始的属于高利贷性质的金融机构，但不能满足商人在工商业经营扩张进程中大规模的资金需求；钱庄是最初仅从事钱币兑换业务的金融机构，后来业务扩展，办理存款放款；印局是办理小额信用放款的金融机构；账局是从事工商业放款的金融机构。账局和钱庄虽然解决了工商业的融资问题，但是由长途贸易引起的资金汇划问题未得到解决。票号的出现解决了这个问题，其主要业务是办理存放款业务及异地款项汇兑，票号是继账局之后中国又一个重要金融机构，是集存、放、汇三大银行业务于一身的金融机构。

作为专门从事异地汇兑的信用机构，山西票号的出现是随着商品货币资本的发展而不断发展的。首先，明代以后山西商品经营资本的发展为山西票号积累了一定的资本，其次，明代以后山西商号的分支机构分设各地为山西票号准备了遍布全国的汇兑网络；再次，山西商人资本的发展为山西票号提供了良好的资信。

山西票号作为中国社会经济发展中的一种事物，作为山西商人经营的微观企业，它的产生满足了工商业发展的需要，解决了工商业自有资本与经营所需资本不平衡的矛盾，满足了山西不同阶层商人对金融服务的需求，便利了商品经济发展。所以票号的出现首先就是从微观主体的需求角度出发应运而生的产物，作为一种创新的金融机构，是人的需求发展的结果。

5.1.3 金融业务创新

山西票号的金融业务创新有：票据贴现，汇兑与贷款相结合的资产业务创新；逆汇、代收货款、代垫捐纳、代办印结、代垫税款、代发股票、代发债券等中间业务创新；在“汇兑行市”上开展“掉期”①业务的创新等。

（1）资产业务——汇兑与贷款业务的结合

山西票号首先是经营异地汇兑业务的，在总结工商汇票经验的基础上，根据客户的需求，在汇兑业务方面取得了突破性发展。比如，认票不认人制度的创立，对于任何人，由甲地往乙地汇款，只需要把汇款交给甲地的票号，由甲地票号给汇款者立一张汇票，汇款人把汇票寄给乙地的受汇人，受汇人接到汇票，即可根据汇票上所定的期限到甲地票号在乙地的联号取款。乙地票号不论是谁持有汇票，只要汇票本身不假，都应按规定日期予以兑付。

票号创办后，不只在本地经营存款和放款，而是广泛开展汇兑业务和存、放款业务。通过汇兑和商务往来把局部地区结成了一个整体，这是一个历史性的进步。票号的存款和放款，是通过

①据记载，19世纪八九十年代，我国在上海等大城市已出现了货币市场和“汇兑行市”（即买卖汇票的行市，因各地白银的成色和平砝不同，因此付款地不同的汇票在交易中出现了价格差异，类似于金本位时代的外汇市场，汇兑行市围绕两地白银的平价，根据银根松紧，在平价加减汇费的范围内浮动），票号向来以汇费收入为主要收入来源，“但在19世纪90年代上海、西安、桂林汇费支出大于汇费收入好几倍”（黄鉴晖：《山西票号史》（修订本），山西经济出版社，2002年），在日升昌的一些信件中曾有“帖咱”“帖伊”（即客户付费给票号、票号付费给客户的意思）的字眼，据此推测票号曾做过白银的“掉期”业务，这又是票号的一项业务创新。

两种方式开展的，一种是存款、放款与汇兑结合，既是汇兑业务，又包括存款业务或放款业务。另一种方式，就是不与汇兑相结合的存款和放款。这两种方式的交替使用，就使票号的经营业务更加全面，成为早期的综合性金融机构。通过在更大范围内吸收存款，把工商业闲置的货币资本和其他的社会闲置资本，集中在了自己手中，成为货币资本贷出者的总代表，又通过在更大范围内开展放款业务，把集中在自己手中的货币资本转借给资金短缺的工商业，从而又把借贷者集中在了自己的周围。这样，山西票号就在更大范围内，变成了贷出者和贷入者的中介人和总代表，从而确立了其中介者的历史地位。

（2）中间业务——顺汇、逆汇、代办捐项等

山西票号汇款，最初的办法是："汇票人交款给票号后，写信给收款人，票号收到汇款，就写信通知汇款地的分号或联号。"[1]汇款的客户一般采用信汇的方式。例如，蔚泰厚票号京都分号七月十三日致苏州分号的信："今收会去……福兴号关批足纹银二百两，未立票珐，随封去伊信一封，言定在苏八月二十二日在苏纹银信一并妥交，其平照去年会过德泰信之平，比咱平每百两小四分，合空苏期四十天，贴过咱费银一两六钱，至祈均为妥交。"[2]即先在甲地交付汇款，后在乙地兑取汇款。

①卫聚贤：《山西票号史》，第108页；转引自《山西票号史料》，山西经济出版社，1990年，第723页。

②卫聚贤：《山西票号史》，第108页；转引自《山西票号史料》，山西经济出版社，1990年，第724页。

由于山西票号分支机构众多，又实行联号制，各地分支机构在经营中往往出现地区间现银摆布不平衡现象。为了调节各地现银库存，酌盈济虚，扩大业务，他们创造了“逆汇”办法，将汇兑与放款业务相结合或者将汇兑与存款业务相结合。如道光二十四年（1844年）四月二十三日蔚泰厚苏州分号致京都分号第91次信汇云：“玉盛号于三月二十一日会借去咱足纹银三千二百两，连空伊期一月，均按月九厘至七月初十日，在京无利交咱头白宝银所有伊立来会票，随托妥伊去，无玞，其平照会来之平，每百两比咱平小一两一。”①这是汇兑与放款相结合的案例，就是在甲地某商人现金不足，该商人在乙地急需现金，而山西票号在乙地的分号又有多余资金，在这种情况下，山西票号就在甲地，用信函通知乙地分号，先付该商人银两以供急用；然后，商人再按原先约定好的交款时间，在甲地补交汇兑银两以及其间的利息。又如张家口日升昌分号，道光三十年（1850年）正月初十日致汴梁（今开封）分号第6次信云：“（去岁）九月初一日汉（即汉口）交下（收）庐足银三千两，咱在口（即张家口）年四两标分收。自收银之日，各依各标口规与伊行息外，每千两贴伊六两。”②这是存款与汇兑相结合的案例。

①卫聚贤：《山西票号史》，第244—245页；转引自《山西票号史料》，山西经济出版社，1990年，第723页。

②卫聚贤：《山西票号史》，第248页；转引自《山西票号史料》，山西经济出版社，1990年，第723页。

逆汇的意义不仅仅是平衡现银布局，同时能够扩大利润来源。这种财务创新，一是减少了山西票号资金闲置，增加了利息收入，二是满足了商人的用款需求，帮助其摆脱困境，从而树立票号良好的外部形象。山西票号汇兑业务的开展具有很大作用，“在山西创办了票号流通金融。这对18世纪末叶山西商业的繁荣，曾起了积极的促进作用。汇兑的方便密切了各码头之间的联系，加速了资金的周转和资本的积累。这就为商业向外扩展其经营范围，创造了有利的条件。”①

此外，山西票号利用其遍布各地的众多分支机构，代办捐项，并把此业务加以拓展。一是资助穷儒寒士入都应试以至走马上任；二是代办、代垫捐纳和印结（印结是签有政府印鉴的文书，这里指虚实官衔的证明文件），收取手续费和融资利息。一旦做了实职官吏，便可以争取其辖区内公款存入，无息获得公款存款，用于贷放生息可以获得丰厚利润。“窃思各省富户颇多，近年捐修之案屡见叠出，足见急公乐输之实证。唯向来大捐不成速充者，推原其情，非因捐生不能急公，实由道路遥远，携银来京，不唯费用耗资，亦且时日需久；其有志在二次及军营投效者，候至来京报捐，按卯期上兑，以至领照后约计时日，大功即可告竣，是以裹足不前耳。况捐生携银来京，岂能带多人照料，更虑路有疏虞，所以近年捐生多由该省会票来京，由京中银号措齐上兑，

①《广誉远药厂史》）第2—3页，1960年12月；转引自《山西票号史料》，山西经济出版社，1990年，第681页。

是仍以京中之银兑交库部。”[1]山西票号根据需要通过代办捐项等业务的开展，扩大了资本来源，充实了票号的实力，推动了票号的发展。

“山西票庄不论从哪一方面观察，都是因人而存在，因人而发达，因人而没落。这种人本主义是山西票庄的一大特色。”[2]山西票号的各项业务的创新都是因人而异，根据人的需求创新各项业务，不仅满足了人们的需要，便利了商品经济发展，而且使得山西票号增加了盈利，成为同业的领先者。

5.1.4 金融技术创新

（1）记账货币的创新

清代不仅各地的银色不一，用来权衡银两的平砝也不同，山西票号要实现异地汇兑，首先要解决的就是银色与平砝之间的差异问题。为此，每家票号都自制了自己的天平砝码，简称“本平”，作为记账货币单位。“本平不仅是汇兑的必要，而且也是票号记账中不可缺少的。只有本平才能把用各种平码收交的银两权衡统一起来，使票号债权与债务在账簿有一个统一的单位。否则，度量单位不统一，就不能正确地反映出票号资产负债情况。”[3]

①陈其田：《山西票庄考略》，第90页；转引自《山西票号史料》，山西经济出版社，1990年，第770页。

②陈其田：《山西票庄考略》，第91页；转引自《山西票号史料》，山西经济出版社，1990年，第771页。

③《乔店蛟访问录》，1961年1月；转引自《山西票号史料》，山西经济出版社，1990年，第614页。

本平制度的创立，不仅便利了票号的存放款和汇兑业务，而且使其总分号账务的记录及汇总有了一个统一的单位，便于票号及时掌握其资产、负债情况，大大方便了票号的会计核算。另外，本平制度也是记账货币的创新，即在客观上起到了统一价值核算单位。

（2）首创“票据密押”制度

为了异地汇款所用汇票的真实而不发生假票、伪票冒领款项，山西票号创造了严密的密押制度。一是汇票一律使用总号统一印制的汇票，计数管理；二是印制汇票，内加水印，如日升昌山西票号汇票水印为“日升昌记”字样，蔚泰厚票号汇票水印为“蔚泰厚记”字样；三是专人书写，字体在总号和各分号预留备案；四是汇票需要加盖6枚印鉴：抬头章、押款章、落地章、防伪章、套字章、骑缝章等；五是会票暗号，汇票金额、汇款时间均设有暗号，即银数暗号、时间暗号，汇款人、持票人无法知道，只有票号内部专人才能辨认真假。暗号编成歌诀，以便记忆。月暗号，如以“谨防假票冒取，勿忘细视书章”12字分别为1—12月代号；日暗号，如以“堪笑世情薄，天道最公平，昧必图自利，阴谋害他人，善恶终有报，到头必分明”30个字分别代表初1—30日；钱数暗号，如以“国宝流通”分别代表万仟百拾。若3月5日汇出5000两，即背书“假薄壁宝”，付汇分号一看便明。为了万无一失，在暗号之外再加一道锁，叫自暗号。各号密押不定期更换，新的代号均编成押韵口诀，号内有关人员必须死记硬背，烂在脑子里。[1]至今没有发现山西票号因为汇票技术问题被骗领款项的案例。

（3）汇差清算制度的创新

山西票号“汇通天下”，但是，各地分支机构相互之间在一定时间之后总会发生汇差，人与人之间会发生互相欠账的现象。为了解决这个问题，山西票号规定“月清年结”，使用两种账，各分号向总号报账均以“收汇”和“交汇”两项分列，既有细数，又有合计，均按与各分号和总号业务清列。总号收到报来的清账，核对无误后，将月清收汇和交汇差额分别记入各分号与总号的往来账，收大于交，差额为分号收存总号款项数；交大于收，差额为总号短欠分号款项数，互不计息，因全号实行统一核算。现代银行清算相互轧差办法就是来源于这里。

5.1.5 金融制度创新

（1）资本金管理制度

山西票号的资本金，分为“正本”和“副本”两类，正本是股东的合约投资，不计股息，只分红利。副本也叫“护本”，起保护股本的作用，为确保资本充足率而设置。“护本”有两种:一是投资票号货币资本的东家和顶人力资本股的职员，在大账期（会计年度)分红时，在所分红利中提留一部分利润存入号内，参

①孔祥毅:《山西货币商人的金融创新》,《金融时报》理论版，1998年2月8日。

加未来资本周转，只拿利息，不分红利，不得随意抽取的一种资本形式；二是票号东家的存款，因为票号是股东无限责任制，东家存款，也是“护本”或者“倍股”。

山西票号在资本管理与运营中还有“厚成”“公座厚利”制度。“厚成”，是在年终结账时，将应收账款、现存资产予以一定折扣，使企业实际资产超过账面资产。“公座厚利”，是在账期分红时，在财东银股和职工身股未分配之前先提取利润的一部分作为“公座”，以便“厚利”，相当于公积金。“厚成”“公座厚利”与“倍股”办法，都是为了在经营中尽可能地扩大流动资本，争取更多盈利的办法。因为票号很少实行负债经营，而主要是依靠自有资本进行经营，用此办法，借以确保流动资本的充足率。

山西票号的资本金管理中的“正本”与“副本”制度，与2007年1月1日起实施的巴塞尔银行监管委员会“新资本协议”规定的区分监管性资本与经济性资本的原则是一致的。可见，山西票号资本金管理制度中的副本制度设置，要比欧美国家早几百年。

（2）标期信用制度

所谓标期就是各地交款期。山西票号汇兑业务的发生，很大程度是由于当时远距离、大批量商品贸易的需要。商人们在某地购置货物后，或外销或内销，因路途遥远，所需时日甚多，所以，资金周转期也长，再加上量大，就会出现现金不足，赊购赊销便不可避免，因而难免出现债权债务问题。为保证商品贸易的正常进行，避免债权债务纠纷，一种专为商号之间清理债权债务的办法就创设了。商会按照镖运白银或者货物在各地间周转需要的时间，规定标（镖）期，有年标、季标、月标，季标分为春、夏、秋、冬四标，月标也称骡标，确定各城市的各种标期的具体日期。这样，商号在赊购货物时，就可以约定在哪一个标期清理债权债务，各商号之间在业务往来中的赊欠或者借贷款项必须在约定的"标期"时结清债权债务。如果在标期时付不了款，就被认为是"顶标"，"顶标"商号经理人的姓名将会被票号业登记，一经"顶标"记入黑名单，各商家便与其断绝一切业务往来关系，必然致其彻底破产。

显然，清偿商号间债权债务的"标期"制度，一方面保证了商品贸易得以在一个充分信任的环境下进行，另一方面也使得票号降低了汇兑和放贷的风险。"标期"信用制度是晚清到民国的一种社会信用规范，是票号的一项重要金融制度创新。

山西票号在金融工具、金融业务、金融机构、金融技术、金融制度创新中，十分关注服务对象，最大限度地满足不同客户对金融产品和服务的多样化需求。同时，这些金融创新又实在地来自于票号内部东家、掌柜、员工的经营与管理中，东家、掌柜十分重视员工的能力与创造。这二者都是以人为本的。只有尊重客户的金融需求，尊重参与金融活动的人的劳动，金融创新才有持续的推动力。

近年，我国的商业银行在金融体制方面，已经完成了四大商业银行的股份制改造，形成了包括中央银行、大型商业银行、政策性银行、股份制商业银行、城市商业银行、农村商业银行等银行业金融机构，在体制方面已经初步完善。在金融技术方面，随着电子信息技术在金融机构中的广泛应用，电子化水平不断提高。金融工具种类丰富，如存款凭证、商业票据、股票、债券等。可以说，我国商业银行的金融创新已经取得很大进步，但是也存在一些问题。商业银行金融创新的真正动机是对市场份额和资源的争夺占有以及避免资产负债的风险、规避政府监管和获得更大利润等，表现形式上大多是引进或借鉴西方商业银行已有的业务和产品，真正具有首创意义的特色原始性创新较少，很少能针对市场的需求独立开发出金融产品和业务，并不是真正地从不同阶层的社会需求出发而创新的，在金融业务创新上缺乏自己的特色。

5.2 业务经营

业务经营是山西票号经营战略的具体体现，票号根据市场变化运用资本，合理调度资金，实现了稳健经营。票号经营中的各种创新性做法，也可以说是山西票号最成功的业务经营方法，实际上是山西票号的“人”（包括东家、掌柜、伙计、客户和同行）与经营制度之间相互影响互动演化的过程。

5.2.1 产业资本与银行资本结合

山西票号资本就其大多数来说，发生之初是由工商业混合资本转化而来，兴盛以后又向工商业投资，自始至终是多种企业资本混合而成，没有成为独立的金融资本。这个特征，一则表现在它的资本家经营的事业上，一则表现在它本身投资经营的事业上。前者为主，后者为次。①

山西保晋矿务公司在招股过程中，山西票号及其资本家的认股数见表5-1。

表5-1　山西票号向保晋公司的投资

山西票号名称	认股数（股）	资本额（两）	山西票号名称	认股数（股）	资本额（两）
蔚泰厚	600	3000	大德通	600	3000
百川通	600	3000	大德恒	600	3000
天成亨	600	3000	三晋源	600	3000
日升昌	600	3000	存义和	600	3000
蔚长厚	600	3000	大盛川	600	3000
蔚丰厚	600	3000	合盛元	600	3000
新泰厚	600	3000	世义和	600	3000
宝丰隆	600	3000	中兴和	300	1500
平遥帮票号	1200	6000	合计	10 500	52 500

资料来源：《保晋公司投资三百股以上花名册》，阳泉钢铁公司档案室收藏。

保晋矿务公司在生产过程中，多次得到山西票号贷款的支持。即使辛亥革命后的民国元年，山西票号由于大量倒账，支付存款困难，处于自顾不暇的信用危机时刻，对保晋矿务公司的急需仍然予以支持，如1912年报纸披露“每号暂行凑垫一万八千

①黄鉴晖：《山西票号史》，山西经济出版社，第409页。

金”，约合20万两，各号还是“照数筹垫矣”。[1]直到1916年，保晋矿务公司尚欠票号借款50多万两。

此外，山西票号与工业的存放款联系也很密切，主要表现在广泛的范围内代众多工业企业招收股本或经收股本。

表5-2　山西票号招收股本或经收股本

企业名称	所在地	开设年代	资本额	经收股本山西票号
山西招商集股分局	山西太原	1897	每股一百两	
均窑瓷业公司	河南禹州	1904	五万两每股五十两	
彰德广益纺纱有限公司	河南彰德	1906	五十万两每股一百两	存义公、日升昌
万益机器造毡呢有限公司	直隶天津	1906	每股规元十两	源丰润
金陵自来水有限公司	江苏南京	1906	三十万两每股十两	
北京自来水有限公司	北京	1910		
煤矿有限公司	山东济南	1910		
上海制帽有限公司	江苏上海	1910	十万元每股十元	四明银行、源丰润

资料来源:《申报》,1897年10月13日;《东方杂志》第一卷第八期;《大公报》,1906年3月2日、9月18日,1910年2月27日、3月30日、4月30日;《新闻日报》,1910年9月9日。

山西票号与工业联系的另一个方面,是一些票号及其资本家投资开办工业。例如部分票号参与铁路建设;对同蒲铁路认股和借款,经办与收存川汉铁路股银,收存粤汉铁路银两,经办豫省

①《票商顾全大局》,载《新闻报》,1912年8月16日;转引自:黄鉴晖:《山西票号史》,山西经济出版社,2002年,第380页。

铁路股银，认购津浦路段，汇兑芦汉铁路款项等。同蒲铁路在修建过程中，得自山西票号的贷款57万两，是全部借款72万两的70%。川汉铁路股款储存有310万银两，其中106万两股款交由山西三晋源、协同庆、天成亨、蔚长厚、蔚丰厚、新泰厚等票号收存，表明山西票号与商办铁路之间存在着融通资金的关系。清朝末年，川汉铁路修建时，协同庆票号和南帮票号天顺祥经办，收存股银百余万两。粤汉铁路修建时，新泰厚票号与外国汇丰、渣打、万国等银行收存融通资金数百万两白银。山西票号还为近代企业收存股款、代招股金。光绪三十年大德通山西票号曾在开封、上海、汉口、北京等地为河南均窑瓷业公司代招股金。

山西票号发展到中、后期，开始参加社会公共事业和近代工业交通投融资活动。山西票号大多数是在商业资本积累和发展的基础上兴办起来的，当其金融企业发展起来后，他们不仅没有放弃原来经营的商号、货栈、店铺，反而还在某些方面予以加强，有的还将一些资本投入了纺织、面粉、火柴、酿造以及采矿、冶炼等工业领域，从而形成了金融资本与工商业资本的有机结合与互促互动。可以说，山西票号称雄中国商界的资本在商业资本，而其命脉则在金融。这是因为工商业资本的调拨周转，必须凭借金融机构的汇兑和筹措，而金融机构的放贷，又必须要以工商业为主要对象。山西票号正是由于把货币资本与工商业资本紧密结合起来，互相渗透，才使各种企业互相促进。在这一点上，它与西方国家原始资本积累时期商业与金融业的密切融合，有着共同之处。所不同的是，票号这种资本积累主要是靠自己的努力而来的，而不像西方国家是靠殖民掠夺而获得的。从票号发展的历史轨迹来看，正是其商品经营资本范围的不断扩大和数量的迅速增长，才促成其金融企业的日益发展，这种发展反过来又增强了工商企业的实力。

山西票号的投资人（东家）投资票号、钱庄同时投资工商业，票号通过产业资本与金融资本的混合经营，在资金链上相互支持，信息上相互沟通，实现了商业与票号的共同发展，这是通过对人的调度管理、充分发挥人的主观能动性而实现的，是山西票号重视人本文化的产物。

5.2.2 分支机构的资本金拨付

山西票号根据业务发展需要设置分支机构，选派总号水平资历较优者出任分号掌柜，上任出发时只携带总号图章、砝码等各种要件前往。他们规定："资本皆存总号，设分庄时不另发资本，只给川资和开办费若干。假如甲分号开办之后，营业需款时，即由相连接之乙、丙、丁分号源源接济，全局统筹，不分畛域。这是山西票庄联合组织的巧妙处。此中联络的原则是'酌盈济虚，抽疲转快'八个字。这种制度是中央集权，资本既储总号，获利也归总号计算，以总号为中心，各地分号不过是辅助机关而已，立法甚为严密。分号可以互相联络，以资通融。总号大权在握，分号不易舞弊。"①从中能够看出，总号是票号的上层机关，是全号经营与管理的中心机构，行政管理大权和

①陈其田：《山西票庄考略》，商务印书馆，1937年。

重大经营决策权皆在总号，总经理根据市场信息从全局出发作出决策，各分号共同协作，一方面可降低经营过程中的风险，另一方面有利于总体经营目标的实现。从总经理到分号经理再到下层职员，每一个成员基本上只受一个上级的领导，其内部真正的管理层次很少，这样的设置提高了经营的效率，也在一定程度上避免了道德风险的发生。

5.2.3 资金随社会需求而松紧

市场现银流通量与需求相适应，利率就较稳定；反之，或缺或多，就会使利率波动。1844年5月，京师月息5厘显迟，6月降为4.75、4.5、4.25厘；而苏州因现银不多，由5月的5厘，6月上升为6.7厘。7月至8月中旬，两地利率又继续下降。8月中旬以后，苏州因现银缺乏，钱庄不能过付现银，皆出银票周行，加之各地来镖的现银又陆续由上海出口，月息又升为7.8厘，而且8厘的利率一直持续至1845年1月。由此看出，第一次鸦片战争上海开埠后，外国侵略者掠夺中国白银，是苏州市场银两缺少的又一因素。京师8月月息本来在4.5～5厘之间浮动，当各山西票号得知苏州利息升至8厘时，各山西票号由京师往苏州起银牟取高利，从7月28日起，陆续运苏现银43万余两，致京师现银缺少，“皆因日升昌、承光庆借银之故”，9月8日月息升至5.5厘，此后一路上涨，最高达9.5厘，反超过苏州利率，1845年1月同苏州一样，利率维持在8厘的水平上。所以，山西票号经营者对利率市场的这种变化，形象地总结为“有银则疲，无银则快”。

利率的变动与国家经济形势或农业丰歉，以及工商业所遇平年有关。工商业经营所需资本比往年没有多的增加，供求矛盾平衡，所以1851年9月至1852年2、3月，京师维持在月息4厘的水平上，苏州维持在5厘的水平上。其间，8月28日尽管有四家山西票号由京往苏运去现银55万余两，并没有影响京师利率的变化，而苏州因现银增多，利率反由5厘降为4厘，维持到1852年5月。京师从1852年4月，苏州从1852年6月，两地市场利率发生变化。苏州因“今岁新丝收成甚好”，工商业资本需求增多，月息由4厘升为5厘。京师从4月“因城内挤票存”，现银需求增多，月息由4厘升为5厘、5.5厘、6.5厘、7厘，是银两缺少形成的。①

总之，利率统计和分析说明，当时中国利率已经完全市场化，即利率随着借贷市场银根的松紧，或者说资本供求矛盾的变化，利率在不断变化。利率行市是商品经济的产物，是由资本法则决定的。

山西票号开展汇兑存放款业务，密切注视市场动向。“票庄做生意，必须视各庄之出产，四时之遭遇。比如两湖出产茶叶，是三四月洋（茶）庄上市；出产棉花之地，是八九月间收获。预测某处之丰歉，早订计划以兑款，届时银根松紧，于中取利，得贴水，可卜优胜。彼时不周银洋，各处由各处银色，如上海以豆

①黄鉴晖：《山西票号史》，山西经济出版社，2002年，第157—158页。

规银为标准，以九三一五扣申公码平足银。若汇广东，在香港交的是七一七兑番银，所得汇水，均在生意内核计。若沈阳周行足过炉银，营口是抹银。每处银色，非止一样，每处平码，就有数宗。如上海汉口做汇票，与各钱庄开了行市，一做百八十万，拉期收交，合计生意，就在此上头为难，稍有不慎，即吃亏矣。再票庄做事，尽凭信函灵通，不惜电费，每日通信数次，照信估计生意。比如乙庄收甲庄可得美费，必须乙庄将收来之银交出，再由别庄仍汇甲庄，察各处银根松紧，一转弯间而美费实得，即生意也。有得费贴期者，亦有得期贴费者，尽在计划之中，此乃票庄做生意之要诀。"[1]可见他们不是机械地存放汇兑，而是根据市场走向确定资金计划，确保安全而盈利。

5.2.4 分支机构间的业务资金调度

"酌盈济虚，抽疲转快"是山西票号调拨资金的总原则。"酌盈济虚，抽疲转快"制度是山西票号在经济发展的情况下，创造性地解决资金供求不平衡问题的特色方法。一些大商号随着业务的发展，在各地设立了很多分号，因而出现了企业异地调拨资金的需要。同时，由于所处环境和经营水平的不同，票号各分号间也出现了"有的现银多但无款可放，有的现银少而供不应求"的局面。

---

①王之淦：《票庄实事论史料》，转引自《山西票号史料》，山西经济出版社，1990年，第774页。

如果简单地采用运送现银的方式加以解决，不仅费用高昂、耗时耗力，而且资金的安全也得不到保证。于是逐渐采取了“酌盈济虚，抽疲转快”的办法解决这一难题，也就是在不运送现银的情况下，同一总号的票号在两地间开展汇兑业务，以解决资金矛盾。“抽疲转快”是指一地（甲地区）票号分号现银有盈余而没有放款对象，而另一地（乙地区）某商号需要向甲地区汇款购货，于是甲地区票号先为乙地区商号付款，乙地区商号收到货物后，同一总号的乙地区的分号再向该商号收款，同时由该商号付给票号在先付款后收款期间的利息。通过“抽疲转快”，解决了甲地区票号的现银盈余的问题，乙地区票号则入了款，一并取得了利息和汇费。“酌盈济虚”就是一地（丙地区）票号的分号短缺现银，而同一票号的另一地（丁地区）分号有多余的现银，那么丙地区可以主动把丁地区商号的汇款吸收为丙地区的存款，但是先交给丁地区票号使用，然后由丙地区支付该商号现款。票号先收款后付款，在收付款的间隔时间，票号付给该商号利息。

下面一则史料，既反映了票庄对行市的客观分析，又说明其为了实现整个票号利益最大化的目标，而要根据行市适时进行资金调度。“……寄信后定会汉二月十五日收元丰玖足宝银五千两，三月初十日收足宝银五千两，咱在祁现交伊镜宝银，每千两得费银五两。又交会汉明正月二十日至月底收合盛长足宝银二千两，二月底收足宝银二千两，咱在祁明春夏称各交伊足宝银二千两，得期外，满得费银二两。又交会汉明正月初五日至二十日收永逢源足宝银一万两，咱在祁明春称交伊镜宝银，得期外，满得费银五十八两。所交会汉收之项，皆因汉号不存甚银两，前看汉湘办买红茶，又接口信其他别号做开，明春沙湘交之茶票，合对期每千两得银七十两之谱，后手尚许有涨，大约明年口地与咱处办红茶之家，定不能少，而南路之银，各家均无存项，明春咱处收茶客之票，亦有大涨，如贴费合式，平铺拟明收会汉交银数万两。”①

可见，山西票号本着“酌盈济虚，抽疲转快”的营业方针，实现了整个票号内部各地联号之间资金的有机调度与运营，通过资金调拨，一方面限制了各票号各自为政的现象，保证了存款、放款和汇兑业务的顺利开展，有利于防范金融风险；另一方面充分利用资金，加速资金周转，赚取了高额的利润。

山西票号经营中的各种创新性做法，也可以说是山西票号最成功的业务经营方法，实际上是票号的“人”（包括东家、掌柜、伙计、客户和同行）与经营制度之间相互影响互动演化的过程。比如，产业资本与银行资本结合，就是当时商号、票号之间同一东家的背景与银商之间业务往来的制度结合必然产生的经营策略，通过“人”来带业务，也通过业务往来促进人之间关系的紧密，在此过程中“人”发挥了重要作用。资金随社会需求变化而松紧，票号根据市场走向而确定资金的存放汇兑，在当时实现利率市场化

①《咸丰十一年十二月二十四日日升昌票号给汉口分号信》，转引自《山西票号史料》，山西经济出版社，1990年，第612页。

的条件下，是山西票号与这种利率制度之间相互影响的过程，是人与制度之间的互动。山西票号的业务资金调动，"酌盈济虚，抽疲转快"，更是票号与商业、个人之间的相互交往过程中的经营战略，也是人与制度之间的适应。人本文化的内涵不仅局限于人与人之间的关系，也涵盖人与制度间互动影响的关系与过程。

5.3 同业竞争与合作

山西票号作为一种早期金融机构，从事银行业务经营，当时也面对着激烈的同业竞争。但是，他们通过行会自律的形式，不断规范行业的行为，实现了良性的合作与竞争。

5.3.1 同业竞争

山西票号在发展过程中面对着激烈的同业竞争。其中，有不同票号业务之间的竞争，也有票号与其他金融机构的竞争。

山西票号按在山西省境内总号所在地的不同，分为平遥帮、祁县帮和太谷帮三帮。山西票号之间的竞争首先通过不同的帮别与号别表现出来。

表 5-3　山西"三帮"票号前期的创设与歇业

帮别	1823～1853年发生数	期内歇业者	1853年实存数
平遥帮	日升昌、广泰兴、蔚泰厚、蔚丰厚、天成亨、新泰厚、蔚盛长、承光庆、聚发源、隆和永、日新中、隆盛长、义兴永、万成和、万盛长、光泰永（16家）	广泰兴 承光庆 （2家）	日升昌、蔚泰厚、蔚丰厚、天成亨、新泰厚、蔚盛长、聚发源、隆和永、隆盛长、义兴永、万成和、万盛长、光泰永、日新中（14家）

帮别	1823～1853年发生数	期内歇业者	1853年实存数
太谷帮	志成信、大德玉、会通源（3家）	会同源（1家）	志成信、大德玉（2家）
祁县帮	合盛元、巨兴和（2家）		合盛元、巨兴和（2家）
不明	三和世	三和世	
合计	22家	4家	18

资料来源：黄鉴晖：《山西票号史》（修订本），山西经济出版社，2002年，第107页。

山西票号在最初发展的40年，全由山西商人投资和经营，从19世纪60年代开始，一些官吏和江浙等南方商人也投入资金开设票号，如胡光墉开设的阜康票号、云南昆明的天顺祥票号、严信厚开办的源丰润票号等，打破了山西票号的垄断局面，一定程度上影响着山西票号原先的业务。

1861年以来，随着外商在通商口岸的集中，为其服务的外商银行接踵而来。有英国的丽如银行、有利银行、麦加利银行等，法国的法兰西银行，德国的德意志银行、德华银行，日本的横滨正舍银行等外商银行，上海成为外商银行最多的城市，加上原来当地的钱庄以及票号，三种金融力量同时并存。上海钱庄由于经营业务和资本性质的变化，逐渐成为上海金融市场上专做华商存款和商品交易中货款清算的一种主要力量；外商银行则主要服务于外商对华贸易所需的汇划业务；票号主要承担上海与各口岸和内地城镇间的汇兑以及对大商人的贷款业务。这三种金融力量，在初期，“洋商之事，外国银行任之；本埠之事，钱庄任之；埠与埠间之事，票号任之”[①]。19世纪八九十年代以后，随着钱庄力量的壮大和外商银行向其他口岸的延伸，票号独占国内埠际间汇兑的局面就被打破了。[②]

在山西票号生存发展的同业环境中，户部银行作为国家银行，对当时的金融业有着相当的影响。户部银行作为兼有中央银行性质的国家银行，有清中央政府的支持及授予的特权。首先，鉴于户部银行的优势和特权，户部指令所有公款必须存入户部银行。这样，户部银行凭借政府授予的代理国库、藩库的权力，从山西票号手中夺得大量官款存储与汇兑业务，山西票号在原本长期处于优势地位的官款汇兑领域被户部银行排挤出去。其次，由于户部银行具有雄厚的资本，能够左右借贷市场，通过降低利率放款或提高利率吸收存款，使得票号失去了对市场的影响力。另外，当银行业遭遇倒账，在处理债权纠纷、收回贷款方面，山西票号也受到户部银行的挟持。即在处理破产商号的欠款时，理应按实有资产平均分偿各债权，但是往往大清银行凭借官权，如数收回其欠款，而山西票号、炉房连一半也收不回来。由于户部银行的双重身份及其特权，抢夺了山西票号业务，造成了不公平竞争；而且在山西票号出现危机时，户部银行不仅不能以“最终贷款人”的身份出现，采取紧急措施给予援助，反而凭借特权优先收回自己的贷款，严重破坏了金融机构赖以生存和发展的公平和

①杨荫溥：《上海金融组织概要》，商务印书馆，1930年，第91页；转引自：黄鉴晖：《山西票号史》，山西经济出版社，2002年，第216页。

②黄鉴晖：《山西票号史》，山西经济出版社，2002年，第216页。

谐的竞争环境。

5.3.2 行会自律

随着山西票号业的发展，同业间出现了无序竞争，严重地干扰着金融秩序，协调同业内部相互关系、稳定金融秩序及处理公共事务的需求越来越迫切。于是，山西票号商人自发地组织了同业行会，以自治、自律、自卫为目标，协调管理山西票号业的经营活动，实现了竞争中的合作。

据史料记载："一种商业发达到了相当时期，而且同行亦甚多，于是有行会的组织，对内可以联络感情，协商事务，对外则以团体行动，比较有力。山西商人，在各地常集资建立关帝庙，作为集会之所，于每年关帝诞日，多演戏酬神，以作同行的大集会，如遇小事，亦可到关帝庙集议。"①山西票号的一些同业组织常常冠以"会馆""公所""商会"等名称。同业组织的成员一般由各山西票号的总经理组成，当时称作"帮董"。再从"帮董"中推选出实力最强、威信最高的若干人，来管理公所的事务，这些人当时被称作"总董"。公所讨论决定同业营业方面的共同规则，例如汇兑平色、汇水、贷付期限、利率等。同业成员在公所集合，定出利息的成数、两地汇划的时价、不同货币银两兑换的时价，等等。所有同业组织的成员都要遵守。如果出现违反的现象，同业成员

①卫聚贤：《山西票号史》；转引自《山西票号史料》，山西经济出版社，1990年，第671页。

及总董将提议对违反者进行处罚，以保证公共条约的公平和威严。

同业行会不仅协调山西票号之间的关系，还利用团体力量，来协调山西票号与其他行业，与政府之间的关系，“对外则以团体行动，比较有力”①。起初，山西票号业与其他行业之间相互联系不多，相互之间很少交流沟通，不利于相互促进与发展。后来山西票号行会更进一步试图联合钱庄业行会、典当业行会、账庄行会等联合成立金融业总商会组织。史料记载：“商界各行向不联络，每行各设会馆，各为风气，不相闻问，亦交通之一大阻滞也。近由蔚泰厚票商发起，拟联合票商、钱行、当商组织商会，以期商业发达，逐渐推广。”②然而这样的盛举，直到清末山西票号衰落也没有实现。应当肯定，山西票号行会除协调票号业外，当时还积极协调处理山西票号与官、商的关系，“中国汇兑银号，除汇兑银两外，间有与官家、商家通融借贷之事……此后如汇款、借项逾期不归者，呈明地方官衙门代追。如该官衙门延不申理，准报商会据情禀报大部饬催”③。可见，票号行会作为同业组织，还起着维护山西票号业的利益，利用团体力量，协调与外界关系的作用。

①卫聚贤：《山西票号史》；转引自《山西票号史料》，山西经济出版社，1990年，第670页。

②陕西《商会萌芽》，见《大公报》1908年11月13日；转引自《山西票号史料》，山西经济出版社，1990年。

③《商部批准北京汇兑庄金银号禀创立商会拟定章程请立案由》，见《大公报》1904年6月13日、14日；转引自《山西票号史料》，山西经济出版社，1990年，第668页。

行会的目标就是联络同行，实行自我管理，约束同行，保护同行利益。行会订有共同遵守的行会纪律，行会纪律为会规，凡立会，必有自己的会规。会规，也称“规牌”。主要规定会员义务、行为、会费及惩罚办法等。北京山西票号商人行会“会规”规定：中国汇兑银号，除汇兑银两外，间有与官家、商家通融借贷之事，息银多少各有不同，书立信据，书明归还日期，即应如期归还；中国汇兑银两无论官商，立据后如有退款不办之事，议定不退兑费；中国汇兑银两收交以票、信为凭，往来以折条为据；中国汇兑银两，应以本地之通行银色收交，一律两不相亏；开设商号宜慎之于始；交库上对须益加郑重也；出银票之商家宜认真整顿；空盘不宜成作以归核实。行会对违规惩罚办法，大体有四种：罚买供神品、罚钱交会、驱逐出会、告官治罪。[1]所以行会一方面利用信仰和行业神灵从精神上约束成员的思想，另一方面制订“会规”从制度上强制约束成员的行为。

山西票号在同业竞争中实行的行会自律这一制度，促进了山西票号人本文化的形成与完善，即山西票号中个体行为的理性化与规范化。山西票号与钱庄、外资银行之间进行正当的同业竞争，而行会自律更是进一步加强了同业的规范行为，使得各个市场参与者都能面对一个公平公正的环境。而这种环境是靠每一个参与主体的理性与规范行为创造的，节省了很多监管成本，有利于行业的整体发展。

① 孔祥毅：《金融票号史论》，中国金融出版社，2003年，第227—235页。

5.4 本章小结

本章从金融创新、业务经营、同业竞争与合作几个方面来说明山西票号的经营战略，从人本文化的视角看，山西票号的经营战略是以人为本的。

第一，山西票号的金融创新从微观经济主体的需求出发，以人为本，满足了社会经济发展的需要。现代商业银行的金融创新大多是引进或借鉴西方商业银行已有的业务和产品，很少能针对市场的需求独立开发出金融产品和业务，所以商业银行金融创新应该借鉴山西票号的优秀做法，明确业务创新目标市场和目标客户。

第二，山西票号的业务经营，如拉拢存款、放款不收抵押，重视个人信用，汇款的汇费、存款的利息都是因人而异的，这种人本文化是山西票号的一大特色。现代商业银行的业务经营主要依靠存贷利差的传统盈利模式，贷款审查更为严格，对借款人的要求更高，一方面确保了贷款质量的安全性，但同时提高了各项成本。因此，商业银行可以借鉴山西票号因人而异的做法，在符合法律规定的界限内探索业务创新方法。

第三，山西票号的同业竞争与合作促进了个人行为的理性化与规范化。现代商业银行间的同业竞争，内部可能引致个人行为的异化，比如管理者为了压低成本，提高利润，忽视员工利益；或者员工为了个人利益，在同业竞争中背离忠诚文化。因此，商业银行应该注重以人为本的企业文化，使管理者和员工都能更好地履行自己的职责。

6

人本文化
视角下的山西票号
风险控制研究

The research of Shanxi Exchange's management based on
the analysis perspective of humanistic culture

所谓风险，就是未来结果的不确定性。[1]在银行业实际经营过程中，往往风险和收益是相对应的，高风险带来高额的收益。现代商业银行经营的是特殊的商品——货币和货币资本，为了满足其盈利性目标，需要采取各种措施和方法进行风险控制，减少来自市场的风险、操作的风险、信用的风险、流动性的风险把高风险转化成高额收益，从而获取风险收益。早在清道光初年山西票号出现时，山西票号就围绕管人为核心点，建立风险监控机制来管控各类风险，取得了很好的效果，而在后期，山西票号风险损失大量爆发时，很重要的原因即为对人的管控的失效。所以，山西票号不论从哪一方面观察，都是因人而存，因人而发达，因人而没落。这种人本主义思想是山西票号的一大特色。[2]时至今日，山西票号以管人为核心的风险管理理念以及相对应的种种风险控制措施，对现代商业银行仍具有重要的借鉴意义。

①黄达：《金融学》，中国人民大学出版社，2004年，第150页。
②陈其田：《山西票庄考略》，华世出版社，1967年，第165页。

6.1 风险管控以管人为抓手

山西票号在经营管理上所采取的风险控制与一般意义上的风险控制有所不同。一般意义上的风险控制面对的是非社会系统，按照事先确定的程序执行，目的在于把未来可能发生的风险控制在一定的范围内，更多地显示出客体的被动性；而山西票号在经营管理上所采取的风险控制面对的是一个复杂的社会系统，除了控制风险以维持整个金融企业的运营，还管理风险从而推动组织活动以达到新的高度。总的来说，可以用风险管控一词来诠释山西票号在处理风险上的态度，而且“管”在“控”之前，也说明了山西票号把风险管理放在首要位置。风险管控的主体是人，组织活动的执行者也是人，即由人来执行对人的控制，具有动态性和主观能动性，要想最大限度地调动从掌柜到经理到伙计的创造性和积极性，使他们能够全身心地投入到山西票号的经营中去，就要以管理“人”为切入点，以此达到防范风险的目的。

6.1.1 用人：以懂得信义为依据

金融企业成立之后首先面对的就是选拔人才，员工的合理配备支撑起了整个企业的框架，员工的凝聚感和责任感促进了整个经营活动稳步前进，所以说山西票号的经营管理归根结底是经营管理人，并且遵循着以人本文化背景下的懂得信义的原则管理人才，使员工的个人素质发展与企业的可持续发展相协调。

山西票号在其辉煌的这100年中，无论是富甲一方的财东，还是颇有经济头脑的掌柜和经理，以及勤勤恳恳的伙计，他们之间共有的特点就是十分重视“信义”二字。“信义”一词分“信”与“义”两个部分，“信”是指委托人给予代理人充分的信任，而“义”是指代理人对委托人的忠诚。“由财东之识意的信赖经理，于是经理以忠义之答报知遇，此理之固然者也。”[①]二者是因果循环的一个过程，相辅相成。

（1）选拔高层管理人员

山西票号成立之初，财东在对高层管理人员的选拔上，始终把掌柜是否具有诚信的品德放在选拔标准的首位。无论是想要聘请社会上成熟的管理人才，还是从内部表现出色的伙友中提拔，只有懂得信义的人才能受到重视，然后再去花费大量的时间和财力去充分了解此人是否“有谋有为，能守能攻，足以担任山西票号经理之职责”[②]。此外，山西票号的财东一旦经过谨慎的抉择，对选定了的掌柜就“疑人不用，用人不疑”，只对业务的扩充、红利的处置、员工的奖惩制度等进行裁决，其余的实权包括资本金均完全交给掌柜和经理，均不过问。掌柜一旦上任，就近乎于独权，所以山西票号的兴衰就完全掌握在掌柜的手中。有德，才会对财东忠义；有能，才能经营好山西票号。二者缺一，都将使票号面对巨大的风险。所以财东为了防患于未然，把风险从源头上掐断，选拔人才时非常谨慎。

①中国人民银行山西省分行、山西财经学院：《山西票号史料》，山西经济出版社，1990年，第594页。

②中国人民银行山西省分行、山西财经学院：《山西票号史料》，山西经济出版社，1990年，第593页。

“苟非人力所能制止而丧失资金，财东不但不责经理失职，且加慰勉，立即补足资金，令其重整旗鼓。盖以商业赔赚，犹如兵家胜败，倘出于误而非故致遭损伤，亦须励其前进，始可挽回颓势，此信之表现也。”①掌柜既然得到了财东的完全信赖，就“受人之托，忠人之事”，领导山西票号的全部人员，把自身（顶人身股）和东家的利益紧紧地捆在一起，把山西票号的大小事务都看成自己的事业去经营，每年按规定巡查各票庄一到两次，年终时把各个票庄的营业报告表汇总、报告财东。“经理倘视环境不佳，恐将损及血本，必挥其铁腕预筹退步，决不肯稍有疏虞。故营业范围，系以环境为比例，活动为主旨，务使操纵自如，决不行险侥幸，致碍个人人格，同事地步，财东资产，此义之表现也。”②

太谷的曹财东就是一个很好的例子。曹财东通过重重考核聘用了一位掌柜赴沈阳开设的富生峻钱庄上任，起初给了7万两白银作为资本，但是经营了几年后亏损收场。曹财东调查后认为经营失败的原因不是经营管理问题，于是拨付第二笔资本，依旧亏损收场，再次拨资，并鼓励掌柜不要气馁。第三次，掌柜认真总结经验教训，调整经营策略，最终不负重望，盈利巨额。财东三次的信任，既是给予掌柜尊严，又是积极倡导挖掘其潜能、肯定其

①中国人民银行山西省分行、山西财经学院：《山西票号史料》，山西经济出版社，1990年，第594页。

②中国人民银行山西省分行、山西财经学院：《山西票号史料》，山西经济出版社，1990年，第594页。

价值的表现，创造出一个积极成长的环境，充分说明了晋商崇尚人本文化，重信义，再以义取利的特点。倘若曹财东毫无战略眼光，在第一次失利时就辞退掌柜，再聘请一位新的掌柜赴任，面对形势多变的市场，既浪费了宝贵的时间，又增加了用人成本，无疑增加了风险管控的难度。所以说财东信赖掌柜委以全权，掌柜则以忠诚信义的经营回报财东。这种用人方法以信义为基础，管理层的更换频率低，具有长远性、战略性的管控模式有效地降低了沟通的障碍、授权的难度以及用人的成本，大大地减少了人为操作风险产生的可能性，所以说这种以信义为基础的委托代理机制是山西票号进行风险管控的基础。

（2）选聘学徒伙计

财东在挑选掌柜时以信义为依据，掌柜的上任就表示财东已经完全把经营的权力交出，包括聘请总分号的经理和伙计的权力，不得干预各分号的选拔人才，掌柜沿袭了财东的作风，所以在挑选伙计时同样也十分严格地按照此项标准，非常慎重。要想当练习生，首先需要有举荐人向山西票号表明被举荐人的家里三代是做什么行业以及操守是否诚信，然后再询问本人的简历；如若认为可行的就给予笔试和口试的机会，来考察写字是否端正、口齿是否伶俐。与此同时，还需要对个人的素质进行测试。

比如1940年（民国二十九年），黄向栋当时16岁，投奔他的岳父经营醋房，但是他的岳父王根保想让女婿学习“细货”的手艺，于是介绍其去“德兴源”字号。但是当时人手已经足够，却又碍不下面子，于是掌柜冯新魁为了看看小伙计是否精明诚实，就事先故意把一块铜元丢弃在黄向栋来见掌柜的必经之路上，看小伙子是捡起来后将铜元交给字号里的管事人员，还是偷偷地装入自己的口袋里。当时黄向栋立即将捡到钱的事情一五一十地告诉了冯掌柜，并把钱交给冯掌柜处理。而冯掌柜随即又问了些相关的问题，黄向栋都是对答如流，于是冯掌柜当天就让黄向栋入了职。可见山西票号选学徒时，虽然以推荐介绍为前提，但是后续的考核是非常严格的。根底正派是指学徒出身于一个良好的家庭环境，从小耳濡目染，自然自身的德行较好；写字、珠算和问答则是考察学徒的性格、思维、谈吐，为日后山西票号的发展提供人才储备；个人素质考察的是对仁、义、礼、智、信的理解，最重要的是以信义为依据。最后一关"在道德方面重信用，除虚伪，节情欲，敦品行，贵忠诚，鄙利己，奉博爱，薄嫉恨，喜辛苦，戒奢华"[①]往往是最难的，如若这关不过，则前功尽弃。一个合格的学徒需要德才兼备，这三者缺一不可，山西票号则以"请进"的仪式聘请学徒正式入号。

晋商对新员工的选拔原则，随着明清时期山西票号的业务经营规模不断壮大，逐步形成了一种新的招聘制度，各个票号严格遵守，并且随着这种招聘制度的广泛应用，也证明了这种制度对于山西票号的未来发展状况和员工素质水平起到了一定的积极作用。山西票号以懂得信义为依据来提拔人才值得当代金融企业去借鉴。

①卫聚贤：《山西票号史》，中央银行经济研究处，1945年，第57页。

6.1.2 分号：以结利疲账定功过

山西票号实行总、分号制度。总号一般设立在当时山西经济较为昌盛的地方，这些地方往往是富户的聚集地，如太谷、祁县、平遥等地方。分庄、分号则遍布全国工商业重镇乃至国外，如俄国、日本等。一个总号下设的分号一般多则二三十个，少则六七个。在业务经营上，总号负责计划、组织、指挥、协调和控制全号的一切大小事务，是整个山西票号的中心管理机构；分号初期设立时一般只做汇、兑业务，在经营半年后对市场较为得心应手时，才增做存、放业务，其所经营的业务额占绝大部分比例。所以总号与分号之间，分号与分号之间的关系来往都十分密切，为了衡量各个分号的经营成果，年终总号通过结利、疲账的标准来考核分号。

（1）结利

山西票号为了及时、全面地考核各个分号，设立营业报告制度，即“结利”。分号需要按期，一般是每月月底向总号报账一次，报告这一个月内分号的业务绩效，称为“月清”；年终旧历十月底再报告一次年总账，即一年内分号的业务绩效，称为“年清”或“年总结”；分号与分号之间每月互相报账一次。“清单”则是总号汇总了各分号的年总结后，再加上总号自身的业务额综合编制出的报告，一般是给股东的报告。这与现代商业银行月度、季度、年度的决算报告类似。

月清和年总结时，报告使用旧式账纸，如同账本一样。报告内容，首先是各项总结起来的数字，并写在前面；其次，关于各项总结数字的具体花名、地名及数字，都写在后面。比如汇兑，有的山西票号的“年总结”前面只写一宗共收各处会票本平足纹银若干两，至于收的是哪些码头、什么日子、收的是谁的等具体宗项，都在后面。有的山西票号除在前面已分写“收平遥会票足银若干，收苏州会票足银若干”等以外，在后面还要把收每处的一宗一项报告给总号。①

月清和年清的报告一般分为四大部分，收项、交项、计开实存、计开该外。

即：收项－交项＝计开实存－计开该外＝利润

报告中数据清楚，使总号对各个分支机构的营业额了如指掌，在年终考核的时候可以参考这份报告来衡量这一年的盈亏情况，而且做生意的对象、收入以及花销也清清楚楚，一旦出现纰漏，可以通过报告及时发现和纠正。

同时，为了避免操作风险的产生，每个大账期的人事考核也是不可避免的，对思想上进、业绩突出的员工给予奖金奖励或顶人身股激励，对徇私舞弊、贪污受贿、拨弄是非或在工作岗位上不负责的员工给予处罚，严重者直接开除出号。可见山西票号不仅在用人时严格把关，而且在进号后随着员工面对的诱惑的增加，定期考核员工的品德，及时更换不合格的员工，实现员工可持续发展。

①中国人民银行山西省分行、山西财经学院：《山西票号史料》，山西经济出版社，1990年，第617页。

（2）疲账

山西票号不局限于用月清、年报告中的利润额来考核各个分号，同时把应收账款的回收状况也作为一个考核指标，即“疲账”。这就是说，在年终结账时，从利润额中把呆账剔除，以保证利润的真实性，防止弄虚作假。

疲账同时也可以单独挑出来进行考核，如若分号内疲账所占比例过多，则说明其资金的流动性较弱，运作效率低下，不利于长期经营。这就需要“疲账拆收物产，预先多加研究，定妥方针，以早出售变银，以免受背。”①

作为考核标准之一，各个分号对疲账的重视程度不低于利润额，善于处理疲账的人才自然受到重用。蔚泰厚的宋聚奎机敏智巧、善理疲账，甚至受到慈禧太后的赏识。宋某以七年坚持赴两江总督衙门上诉，收回湖南分号的疲账而声名大震，调往汉口，统领南省业务。光绪二十年（1894年），宋某又带病替蔚泰厚盛京（今沈阳）分号想方设法收回疲账20万两，东掌专门搭台唱戏为其庆功。得知宋某的奇才，光绪二十七年（1901年），慈禧太后专门秘密地派铁路总办冯莘劝宋聚奎操办山西票号复业。由此可见，山西票号在经营过程中十分重视对疲账的考核，不仅仅是代表当年经营的业绩，更重要的是往长远考虑，给未来的运营营造一个良好的运行环境。

（3）前提条件：不对他号造成损失

①卫聚贤：《山西票号史》，经济管理出版社，2008年，第72页。

总号对于各分号的考核，虽以结利疲账定功过，但是也有一定的原则约束这一标准——他方未受其害者为功。以各个分号结利疲账的情况来考核业绩，获取奖金，从而激励各号员工心系总号、努力工作。这本是有利于山西票号发展的，但是由于各个分号的资金在短时间内可以采取“酌盈济虚、抽疲转快”的办法接济，如若在年底结账时，分号为了使自己的账目利润较多，则会扣留这部分本不属于自身的资金。总号年终考核时，对这种“只顾自己结利，不虑别路受害者”①的行为是严加禁止的，即使号内结利可观，也不予以奖励。

6.2 建立风险控制机制

山西票号在人本文化的背景下进行风险管控，积累了许多当时较为先进的经验：建立风险基金，保证资本充足；首创密押制度，保证汇兑的安全性；提倡宗法和担保，约束激励员工；紧跟市场动向，避免危机产生；推行财务稽核，科学地量化风险；实行安全支付，保护客户利益；制定严格号规，使经营管理制度化。由此建立起了一套适合于当时社会背景的风险控制机制，有助于风险管控的时效化、标准化、透明化。

6.2.1 建立风险基金

山西票号的资本金分为两大类：一是正本，即财东按照合约

①黄鉴晖：《山西票号史》，山西经济出版社，1992年，第66页。

投资的货币资本，按股分红，不计股息；一是副本，即财东除正本外的存款和结账期分得的部分红利，不分红，只计利息。

山西票号在经营过程中，意外的损失是不可避免的。在应对内外部风险时，如利率风险、信用风险、操作风险，为了防止山西票号因为资金周转不灵而亏损倒闭，经营管理者以正本和副本为基础，发明了一种“预提倒款，严防空底”的办法。“预提倒款”，也叫“撇除疲账”或者“护本”，即大账期分红时，股东不能贪图蝇头小利，不管未来是否有风险，要以长远的角度考虑，在红利中提取一定的资本金，建立风险基金，防患于未然，确保资本充足。一旦发生风险或者损失，即从风险基金中补偿。风险基金严格提取，统一管理，专款专用。

山西票号建立风险基金，有效地减少了正本和副本正常运作的风险；同时避免把红利分光、吃光的短期行为，走可持续发展的经营道路。所以说，这是一种目光远大、积极稳健的风险防范行为。

在现代商业银行的经营中，也有类似的基金组织——经济资本，即银行决定持有用来支持其业务发展和抵御风险，并为债权人提供“目标清偿能力”的资本，在数量上与银行承担的非预期损失相对应。①风险基金和经济资本具有共同的特点：一是目的都是为了减缓风险的冲击，弥补非预期损失，维护正常资本运

①中国银行业监督管理委员会:《商业银行内部控制评价试行办法》，2005年。

作；二是都非外部强制性监管要求，而是根据自身情况设定的，成本降到最低。第三，不参与资产负债表。随着科技水平的进步，现代商业银行在对经济资本的设定上可以通过模型计算出准确的数据，较山西票号精确，但是山西票号建立风险基金就是现代商业银行经济性资本思想的雏形，这点是毋庸置疑的。

6.2.2 宗法与担保

山西票号实行宗法约束和担保制度，雇佣职员主要以山西本地人为主，一般都需要当地有身份的人引荐，并且有殷实的商铺作担保。一旦雇佣的职员出现了行为不端的问题而影响了号内的经营管理，立即开除出号。而开除出号的雇员一方面自身不会再受到同行业的金融机构聘用，而且家人负连带责任，给自家祖宗丢了面子，在家族中颜面无存；另一方面，提供担保的商铺也会受到连带的经济损失。

本书第四章从人力资源管理的角度对宗法约束进行了研究，但是，从风险控制的角度看，其意义也是深远的。

首先，利用传统文化的宗法约束来控制风险。山西票号所在的时代，人们深受“仁义礼智信，忠孝节廉悌”传统思想的教育，而山西又是一个重商社会，家中有人在票号内做事可以称得上荣耀的事情。所以道德伦理的约束，给雇员灌输了良好的思想，不允许雇员在号内做事不规矩，从源头上切断了风险。

其次，通过铺保对利益引导来控制风险。雇员如若被开除出号，受到利益损失的有三者，一是雇员自身今后无处可雇佣，二是家人受到连带责任，三是担保人或商铺受到连带经济损失。一个人的操守不端正，引起连带的一串反应。家人、担保人、商铺都会给雇员压力，督促其在号内认真做事。

山西票号通过道德约束和利益引导，双管齐下控制风险，为现今的商业银行做了一个榜样。但是现今社会的伦理、道德已不可与那时候相比，一味的实行宗法机制，可能会形成裙带关系，只会加大风险产生的可能性。

6.2.3 市场动向跟踪

山西票号在存、放、汇、兑时，教条式的经营，只会错失盈利的机会。所以就需要一个脑筋活络的经理随时掌握市场的动态，在机会来临的时候，迅速做出资金配置计划，出手快、准、稳，才能安全地为票号带来效益。

第一，他们根据各地的季节、粮食作物收获情况来预测银根的松紧，从而获取利差。“比如两湖出产茶叶，是三四月洋庄上市，出棉花之地，是八九月间收获，预测某处之丰歉，早定计划以兑款，届时银势松紧，于中取利，得贴水，可卜优胜。”①

第二，他们根据各地银色、平砝的差异来获取余平收入。每个票号有各地通行银色、平砝的准则，要求员工背熟，在折算银两时不容易出错。

①中国人民银行山西省分行、山西财经学院：《山西票号史料》，山西经济出版社，1990年，第769页。

第三，他们根据各地利率的变化调拨资金，获取利差。据黄鉴晖在《山西票号史》中总结出的资料显示，1851年末，北京月息4厘，苏州月息5厘。脑筋活络的经理必定会关注着此信息，抓住机会调拨资金，获取利差。并且采取行动一定要迅速，如若错过了时机，市场供求平衡，苏州月息降为4厘，则会加大成本与风险。

1883年由上海爆发的金融危机波及全国，江南阜康钱庄绝大部分歇业，银根缩紧，经济萧条，严重影响了各地百姓的生活。而在危机中山西票号却未受到如此大的打击，这种结果与山西票号一贯的注意掌握市场动态是分不开的。危机发生前，山西票号领导者预计秋季市场恶化，并于10月30日收回长期贷款，把风险降到最低。可见领导者对市场动态的了解程度决定了金融机构面临风险的大小，所以财东在选择掌柜时经过重重考核，有能力者为之。

市场动态瞬息万变，现代商业银行通过模型、计算机来处理数据，预测未来行情，较山西票号时代数据精确。虽然现代商业银行有先进的技术水平做后盾，但是也有预测与实际出现偏差的时候，这就需要借鉴山西票号通过领导者来洞察市场动态的经验，综合平衡好“人治”和“机治”，把市场风险控制到最低。

6.2.4 财务稽核

明末清初，傅山在“四柱清册”的基础上发明了一套适用于民间商业的“龙门账”，从而简便、快速、准确地核算出山西票号的账目。龙门账是将民间商业中的全部经济事项，按性质、渠道，科学地划分为进、缴、存、该四大类，分别设立账目核算。所谓进，是指全部收入；缴，是指全部支出（包括销售商品进价和各种费用等支出）；存，是指资产并包括债权；该，也称欠，是指负债并包括业主投资。当时的民间商业，一般只在年度终了办理结算（即现在的决算），就是核实和整理一年的经营成果，以便向业主作交代。[1]

以下方程式表示四者的关系：

（1）进－缴＝存－该 $\begin{cases}\text{进}>\text{缴；存}>\text{该}\rightarrow\text{盈利}\\\text{进}<\text{缴；存}<\text{该}\rightarrow\text{亏损}\end{cases}$

（2）该＋进＝存＋缴

在账务结算时，往往数据较多，为了快速核算出结果是否正确，就通过“合龙门”来检验，即看进缴表和存该表的差额是否相等。如果进缴表和存该表的差额不相等，则龙门合不拢，就要查找原因，看是核算工作的失误还是员工有徇私舞弊的情形。

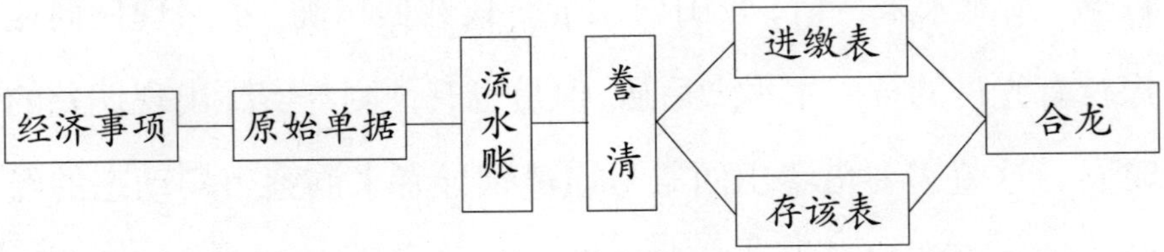

图6-1 “龙门账”合龙门步骤

资料来源：《晋商史料与研究》，山西人民出版社，1996年，第382页。

①侯以莅：《傅山的龙门账》，转引自《晋商史料与研究》，山西人民出版社，1996年，第382—383页。

下面以1853年日升昌江西分号总结账[①]为例，看看山西票号是如何合龙门的？

贰年冬月底总结长交平铺足银	7231.71 两
计开收交会票	
收平会票足银	8228 两
收京会票足银	14 838.81 两
收苏会票足银	41 446.70 两
收扬会票足银	57 474.59 两
收重会票足银	15 384.83 两
收〔泾三〕原会票足银	36 716.44 两
收汴会票足银	4480.80 两
收广会票足银	2472.25 两
八宗共合收银	181 042.42 两
交平会票足银	43 524.87 两
交京会票足银	10 530.00 两
交苏会票足银	29 081.60 两
交扬会票足银	6610.40 两
交汉会票足银	4979.30 两

①中国人民银行山西省分行、山西财经学院：《山西票号史料》，山西经济出版社，1990年，第618—620页。

交常〔德〕会票足银	1034.35 两
交泾会票足银	100.70 两
交广会票足银	78 715.50 两
八宗共合交银	174 576.72 两

收交两抵净长交足银	766.01 两

计开得付利费

得会利贴费足银	1471.85 两
得余平色足银	124.47 两
二宗共合银	1596.32 两

付	借外息利贴费银 441.97（两） 除旧年在账利 130.70（两）	净付银 311.27 两

付日用杂支房租信课脚力等银	851.19 两
一宗江西账作家具银	120.00 两
一宗撇除赣州佃修房租银	110.38 两
四宗共合银	1392.84 两

得付两抵净实得利银　　203.48两

二项共合除得利处净长交足银　　562.53两

计开：

存一宗暂记账上外该足银　　62.15两

除一宗暂记账上该外足银　　624.68两

以上统共除收净结长交平铺足银　　562.53两

……

（《江西总结账》咸丰三年七月立）

根据总结账的数据，得出：

进项=得会利贴费足银1471.85两+得余平色足银124.47两=1596.32两。

缴项=（付借外息利贴费银441.97两−除旧年在账利130.70两）+付日用杂支房租信课脚力等银851.19两+一宗江西账作家具银120.00两+一宗撇除赣州佃修房租银110.38两=1392.84两。

存项=贰年冬月底总结长交平铺足银7231.71两+交会票八宗共交银174 576.72两+存一宗暂记账上外该足银62.15两=181 870.58两。

该项=收会票八宗共收银181 042.42两+一宗暂记账上该外足银624.68两=181 667.10两。

由以上数据可得出存缴表和该进表：

该	存
181 667.10两	181 870.58两
进	缴
1596.32两	1392.84两

1596.32两－1392.84两＝181 870.58两－181667.10两＝203.48两

即：进－缴＝存－该

181 667.10两＋1596.32两＝181 870.58两＋1392.84两＝183 263.42两

即：该＋进＝存＋缴

通过以上的合龙门，可以得出1853年日升昌江西分号的龙门账是合拢的，并且本年度日升昌江西分号属于盈利的。

再如，1897年，由于山西大旱，三晋源汇一万两捐款至巨光源，官府的疏忽导致号内王鉴、车跃龙、贾世源合伙贪污，但隔年结账时查出。这就表明山西票号利用合龙门的记账制度是有效的。

现代商业银行在进行财务清算的同时要建立财务稽核制度，即财务稽查和财务复核，这种制度是商业银行内部控制制度的重要组成部分，其通过核对账目的出入从而审核会计核算工作是否有疏忽、差错或者相关人员是否有舞弊行为。虽然当时的山西票号没有现代的汉字录入、信息传达高速网络以及财务清算稽核系统，但是山西票号总分号制度使山西票号集权于总号，其营业地域广阔、交易频繁，为了能够审查各个分号的账目以保证全局运营顺利，在当时已经有了“合龙门”财务稽核的管理思想与操作技术，并且每年正月初八日，选派稽核一二人，分巡各庄稽核。

当选员不拘住家住外，临时带祁信前往，稽核之事如下：①专查内外事件；②账簿折据；③本号人位优劣；④审查社会之情形，定进退之标准。[①]可见当时的山西票号在控制财务风险时不是只把账面的情况作为唯一的稽核标准，同时注重对号内人员、号外社会情况的稽核，这种全面、创新的事前风险控制意识是值得现代商业银行所借鉴的。

6.2.5 安全支付

山西票号不仅对汇票上的密押防伪制度进行了创新，在安全付款给客户这一程序上也进行了严密的规定。

第一，山西票号对私采取讨保交付的支付方式。山西票号的汇款交付一开始采取“认票不认人”的兑付制度，有利于汇票流通，但同时也有被冒领的风险。为了保证汇款的安全，山西票号应客户要求，在汇票上加盖“讨保交付”或“面生讨保”的戳记，以及代客户向取款人盘问。

第二，山西票号对公采取出具甘结的支付方式。即收汇人提款时，除提交汇票外，还要提款人出具写有汇款性质、数量、汇费等内容的字据。[②]

第三，山西票号对丢失汇票采取挂失办法。不同的城市有不同的规定，除了向汇款承付的山西票号挂失外，北京和保定需要

①黄鉴晖：《山西票号史》，山西经济出版社，2002年，第66页。

②中国人民银行山西省分行、山西财经学院：《山西票号史料》，山西经济出版社，1990年，第289—690页。

登报声明所丢失的汇票作废；天津需要报知商会，并在海关边署、巡警总局、商务总会备案；汉口和重庆则需要通知当地分号处理之外报当地政府、商会总会备案，同时照会驻当地各国领事馆。

汇款的安全支付机制，不仅仅是保护山西票号的利益不受损失，更是站在客户的角度，以为客户服务为宗旨，安全地支付每一笔汇款，让客户在山西票号存得放心，取得舒心，实现零风险。这与山西票号经营管理所一直坚持的人本文化不谋而合，以人为中心，为人服务。这个“人”不仅仅包括山西票号的员工，同时也包括服务的客户。只有同时服务好这两个“人”，金融企业的发展才会蒸蒸日上。

6.2.6 严格号规

山西票号的经营管理者认为“凡事之首要，箴规为先。始不箴规，后头难齐”[①]，所以山西票号在最初的经营管理中，形成了许多有利于自身发展但不成文的经营管理规则。随着山西票号的经营管理规章——“号规”的制定，通过对从掌柜到经理到伙计的责任、权力的细化，使山西票号的管理制度化、透明化，内部控制严密，达到风险控制的目的，经营也步入一个新阶段。

山西票号制定有严格的经营借贷制度。第一，放款时不得超

①中国人民银行山西省分行、山西财经学院：《山西票号史料》，山西经济出版社，1990年，第597页。

过最高限额。按照借款对象的信誉，借贷额度由三万元、二万元、一万元依次递减。第二，逢镖过节利息上升时不得贪心做大额贷款，“利息增昂，吃亏败名，大有可虑”。[1]第三，不准替官吏垫付、借贷。借用官场人名贷款，损失常常巨大，所以一概不准，分两不许。第四，不准向亲友借款和为客户做担保，以免影响号内声誉。

山西票号制定有严格的总分号管理制度。第一，分号初设，先做汇、兑，半年后熟悉市场后再做存、放，走稳健经营模式。第二，分号按月和按年向总号报账，分号与分号之间按月互相报账。第三，财东不得干预号内人事。第四，各个分号不准私分厚道，致滋舞弊。第五，每年按时选派稽核人员，分巡各个分号进行稽核。

山西票号制定有严格的管理伙计制度。大致有“十不准”：不准奢侈浪费；不准吸食鸦片；不准赌博嫖娼；不准在外娶妻纳妾；不准投机买卖；不准私自放贷；不准懈怠号事；上不准偏袒，下不准放肆；不准私寄物品回家；不准兼职。

山西票号制定有严格的薪酬待遇制度。第一，伙友派往分号，在沈阳、营口等较远城市的班期一般为三年，其余地方为两年半。第二，分号伙友比总号伙友每月多发一项衣服补贴。第三，路费标准为三等客票，经理行李为一担半，伙友只有一担。第四，顶人身股的员工每年拿“应支”，按所顶股数的不同，每年拿50～

①黄鉴晖：《山西票号史》，山西经济出版社，2002年，第64页。

200两不等。第五，顶人身股者去世后，按其生前股份的多少，享受继续分红的年限。一厘至三厘者以三年结清，四五厘者以四年结清，六七厘者以五年结清，依次类推。

山西票号风险控制的关键是内部控制。而严格的号规，就是内部控制的制度化表现。内部控制得好，就是自我约束机制的建立，号内员工心系总号，操守诚信；业务经营符合规章，有序进行。只有先把号内的人和事管理好，才能把内部风险的来源掐断，当山西票号遇到外部风险时，如利率风险、政策风险，才能全号上下齐心协力，共同抵御，渡过难关。同时，由于山西票号实行总分号制度，分号往往遍布各地，统一的号规方便总号规章化管理，避免产生风险的漏洞。

6.3 管理流动性风险

金融机构的流动性包含两层含义：一是资产的流动性，表现为资产迅速变现的能力；一是负债的流动性，表现为低成本获取资金的能力。当金融机构不能迅速变现资产或减少负债，且成本高昂时，极端情况下就会资不抵债，一旦大量存款人挤兑，就会面临流动性风险。对于流动性风险，山西票号采取酌盈济虚、信约公履制度等来管理。

6.3.1 酌盈济虚

山西票号实行总分号制度，总号是全号管理中心，分号则是在外经营业务。开设新的分号，有三个特点：第一，总号选拔资格老、业务精通的优秀人才派往分号任经理，上任时只携带总号的图章、砝码及重要文件。第二，设立分号除了路费和开办费，不发给营业资本，资本金全部存于总号。第三，年终结算，总号全局统筹是否盈利。这种制度一方面有利于节省资本金，调动分号主动揽汇和吸收存款，完成经营任务，另一方面降低了经营过程中产生风险的可能性。分号只是辅助机关，徇私舞弊的情况极少发生。

山西票号各个分号在营业过程中，由于分号开设不发给资本金，避免了资金的不合理配置问题。倘若所有分号均配置大量资本，由于各地业务变化，会出现有的地区闲置的现金较多，银根松，利率低，放不出款去；而有的地区现金不足，银根紧，利率高，无力放款。总号面对分号缺少资本问题，大掌柜根据各个分号的当地行情，实行“酌盈济虚，抽疲转快”的办法调拨各个分号的资金，以应全局资金周转，资源合理配置。比如，甲分号开设后，营业需款时，自有相连接之乙、丙分号，源源接济，全局统筹，不分畛域，为一种联合组织①。“酌盈济虚，抽疲转快”是把存银多、现银放不出的分号的资金，拨付给存银短、需要放银的分号，以接济短缺分号的经营，保证各个分号都能灵活周转，争取更多的业务与盈利。

各个分号调拨资金时一般不调拨现银，一来成本费用高，而

①中国人民银行山西省分行、山西财经学院：《山西票号史料》，山西经济出版社，1990年，第768页。

且安全系数低；二来运输时间慢，耽误了时机。山西票号采取信汇的方法，包括顺汇和逆汇，来达到酌盈济虚、抽疲转快的目的。

如：京师分号（一八四四年四月初五日）“今收会（汇）去万全号关批足纹银一千两，无票砝，言定在苏（州）五月初三日无利交伊，平照前比咱平每百两大三钱八分，吃空期一个月，贴过咱费银六两，至日妥交。”[①]此信稿中说在京师万全号先收款一千两，苏州后付款，汇费六厘，即顺汇。

再如：“又定会（汇）过二月初一迟早三五天，苏（州）交西批银一万五千两，四月镖京（师）口（张家口）随便交咱，迟交日期按月（息）四厘三口规与咱行息外，等千两贴咱银四两。”[②]此信稿是说，在苏州先付款放贷一万五千两，京师或石家庄后收款还贷，月息四厘三，汇费四厘，即逆汇。

总的来说，顺汇是甲地先收款，乙地后付款。逆汇分两种：一是乙地先付款，甲地后收款，放款与逆汇相结合；一是乙地先收款，甲地后付款，存款与逆汇相结合。顺汇和逆汇都是由甲地主动承揽业务。若乙号存款多，放不出去贷款，甲号就主动找客户用放款与逆汇相结合的方法汇出，把乙号多的存款去接济甲号，达到酌盈济虚的目的。若乙号头寸紧，甲号就主动找客户用存款与逆汇相结合的方法向乙号存入，达到抽疲转快的目的。

①黄鉴晖：《山西票号史》，山西经济出版社，2002年，第128页。
②黄鉴晖：《山西票号史》，山西经济出版社，2002年，第129页。

山西票号通过信汇的方式调拨资金，不仅实现了全号资金的合理配置，最大限度地利用资金，从而获取汇费和利差，获得盈利；而且平衡了两地现银盈绌，预防了一地资金闲置产生的损失和一地资金不足的流动性风险。

与此同时，山西票号管理流动性风险时离不开信息的采集，这就需要充分发挥人的能动性和积极性。各个分号设有跑街，早出晚归地调查市场信息；分号经理汇总汇水、行市、市场供需以及号内资金情况再上报总号，做到上下通气；大掌柜以各分号汇报情况为基础，下达指示。要想使全号资金周转灵活，营业兴盛，这就需要有一个懂得掌握信息、利用信息的管理者，不仅善于经营业务，对政治、军事、经济形势敏感，以便及时调整策略；还要积极主动地去营造机会，没有机会就创造机会，充分调动全号上下人员的积极性。

6.3.2 信约公履制度

17世纪中期起，中国南北商品交易以及经蒙古草原、沙漠瀚海与俄罗斯商人的商品交易发展迅速，山西商人从南方买入茶叶、绸缎、药材、瓷器等到北方市场交易，或者从北方买入人参、貂皮、牛马、毛皮、呢绒哔叽等到南方市场交易。这种商品买卖一般都是远距离交易，而且交通工具落后，从商品出售到收回货款需要较长的周期，所以商户需要预先支付货款、长途运输费用等。而仅凭商家自己的资金，往往十分困难，一般都通过信用放货和信用放款融通资金。信用放货，是货物卖方对信用好的但现金不足的商号赊销商品，待其出售商品后在约定期限内偿还货款。信用放款是金融机构（票号、钱庄、账局）对现金不足而信用好的商号提供借款，方便其现金采购商品运抵异地销售，待商品出售后在约定期限内偿还贷款与利息。无论融物或者融资，双方都是互惠互利。但是，融物、融资所形成的债权债务的清偿业务需要一定的制度约束，这就是山西商人的信约公履制度。

清代，中国的金融中心在太谷，所以大量的商品批发贸易、金融交易多集于此处。太谷县在当时经济上占大优势，其一县之势力可抵榆次、祁县、平遥、介休等数县。①与太原相比，太谷的经济实力也较强。所以镖局运送现银以太谷为中心，现银先集中在太谷，清偿债务债权，办理交收，再以太谷与其他县的远近距离开出债务清偿的期限，即标期，以太谷的利息确定其他县的债务清偿的利息，即标利。这种以太谷为中心向各县辐射，形成了一个独立的标期，称为太谷标。之后相继又出现了太汾标、榆次标。标利的计息方法有四种：满加利、长年利、月息、短期利。无论以哪种方法计息，都须依据“一年四个季标，按照标的公开利率，春标开夏标，夏标开秋标，秋标开冬标，冬标再开第二年春标，按此循环”②为原则。

①卫聚贤：《山西票号史》，重庆说文社，1941年。

②孔祥毅：《镖局、标期、标利与中国北方的社会信用》，《金融研究》2004年第1期，第123页。

山西票号、山西商人贸易活动与标期、标利形成了债务债权清偿体系。山西票号的信用放款缓解了山西商人的燃眉之急,使日常经营活动能够顺利进行,与此同时,山西商人的贷款也需要按照标期和标利偿还,履行债务债权的清偿和结算。具体方法是:过标时,第一天是以银两计量的债权债务清偿,第二天是以制钱计量的债权债务清偿,第三天是同业间的债权债务清偿,即票据交换、轧差清算,也叫“订卯”。这种制度以晋商为主,通行于中国北方。

各商号批发赊购赊销,也有到期付不了贷款和利息的时候,这叫做“顶标”。一旦发生顶标,该商号遂立即丧失信用,再没有人与之往来,便彻底破产。所以,参与融物融资的商人都十分重视信用,避免顶标破产。山西票号以信约公履制度为基础通过信用、轧账、担保来避免流动性风险。

山西票号内设“跑街”职务,负责主动寻找商号,并对其每一次借贷信用作出评价,记以优良中差于号内,以便决定是否放贷。信用级别越高,借贷越方便。所以商号即使没有资本也可通过借贷来经营,赚钱后还贷还可以继续借贷经营。要想长久经营获取利润,就必须积累信用,这种良性循环使商号在标期到来之前积极筹措资金,履行约定,资产迅速变现,保持资金正常运行周转。

山西票号还通过担保制度来弥补信约公履制度失效的损失。对于不了解信誉的商号,山西票号要求其寻找一家票号熟悉并且信誉达标的商号出面介绍,到期不履约则由介绍商号承担经济损失，使票号在无法收回贷款时，能及时弥补资金回流，减少不良资产的持有，把流动性风险降到最低。

信约公履制度对山西票号的经营和防范风险起了重要的作用。第一，活跃了商品市场的交易，减少了资金存放的成本，搞活了当地的经济。第二，有效地预防了债务债权纠纷的产生，降低了人力与物力成本的投入。第三，合理加快了票号资金的运行周转，贷款回流及时，减少不良资产的持有，保证票号资产的质量，预防流动性风险的产生。

信约公履制度产生于一个特定的信用社会，崇尚孔孟之道：仁、义、礼、智、信，不管是管理者还是金融机构都注重对诚信的要求，所以信用是控制风险所必不可少的前提，信用在则金融兴，这对现代商业银行的经营管理具有重要借鉴意义。与此同时，信约公履制度充分地调动了人的积极性和能动性，不管是号内的跑街，还是商号的老板，都积极地寻找信息、利用信息周转资本，使资源得到最大限度的利用，也使得自身的潜能发挥到极致，符合山西票号一贯的人本文化崇尚。

6.4 本章小结

山西票号风险管控的主体是人，组织活动的执行者也是人，即是由人来执行对人的控制，具有动态性和主观能动性，要想最大限度地调动从掌柜到经理到伙计的创造性和积极性，使他们能够全身心地投入到票号的经营中去，就要以管理“人”为切入点，以此达到防范风险的目的。

山西票号注重人治和治人。一方面，票号从财东选拔大掌柜，再到掌柜聘请经理、伙计，都是以懂得信义为依据管理人才。并且这种信义是相互的，领导者对员工信赖，既是给予员工尊严，又是积极倡导挖掘其潜能、肯定其价值的表现，为其创造出一个积极成长的环境；员工对领导者忠义，既肯定了领导者的信赖，又增加了员工的凝聚力和责任感，促进了整个经营活动稳步前进；信与义的结合，使员工的个人素质发展与企业的可持续发展相协调。另一方面，在年终，票号总号通过结利、疲账标准来考核分号，并且还要求“他方未受其害者为功”，目的是要求金融企业给予员工创造可持续发展的良好环境，终究是为了员工的可持续发展而服务，使员工凝聚归属感和责任感，实现自我价值与企业价值最大化。

山西票号加强内控建设。一方面，通过建立风险基金，保证资本充足；首创密押制度，保证汇兑的安全性；提倡宗法和担保，约束激励员工；紧跟市场动向，避免危机产生；推行财务稽核，科学地量化风险；实行安全支付，保护客户利益；制定严格号规，使经营管理制度化。由此建立起了一套适合于当时社会背景的风险控制机制，有助于风险管控的时效化、标准化、透明化。另一方面，通过酌盈济虚、抽疲转快和信约公履制度，合理加快了票号资金的运行周转，贷款回流及时，减少不良资产的持有，保证票号资产的质量，预防流动性风险的产生。

总的来说，山西票号采取管人与内控相结合的方法，注重激发人的潜能，培养良好的成长环境，促进员工素质与企业可持续发展，从而达到风险控制的目的。现代商业银行面临的风险较山西票号时期多样化、复杂化，市场风险、操作风险、信用风险、流动性风险、政策风险层出不穷，但风险控制的主导方向是信用风险和市场风险，通过建立模型、分析计算机数据，避免风险来获取更多的盈利，这与山西票号风险控制的初衷大相径庭。所以现代商业银行在风险控制上需要借鉴山西票号的优势，重新定位。第一，树立风险管理人本文化理念。第二，加强信用建设。第三，抛弃“模型是万能的”思想。第四，平衡各个风险控制比重。

7

人本文化视角下的山西票号金融文化研究

The research of Shanxi Exchange's management based on the analysis perspective of humanistic culture

金融活动的健康、高效、稳健运行，需要有一套健全、完善的金融文化体系引导金融的发展。金融文化是人类先进文化在金融领域的具体体现,是人在主导资金运动过程中的精神反映,亦即人在什么精神状态下指导资金的运动。这种精神状态又通过一定的形式反映为金融理念、金融法律，再作用于人的具体行为。[①]金融文化是为金融活动服务的，而金融活动是为了满足人们商品生产与交易的需求，所以只有以人本金融的理念推动金融文化的建设，才能更加有力地规范、促进金融的发展。山西票号的人本精神集中体现在克己、忠义、仁爱、诚信，由此形成了山西票号所特有的金融文化体系：崇尚关公的以义制利、善待相与的中和之道、同舟共济的社会责任意识、修齐治平的心智素养。而现代商业银行与山西票号的金融文化体系相比，有着道德缺失、自我中心、唯利是图、我行我素等一系列消极的表现，急需要改变，可以尝试把山西票号的这一套成熟、完整的金融文化体系中的先进部分引过来，按照实际情况，适当地利用，使得现代商业银行的金融文化真正的为金融活动服务，激发人的创新能力，引导金融机构实现价值理念的升华。

①唐双宁:《关于金融文化问题的几点思考》,《当代金融家》2011 年第 2 期。

7.1 关公崇拜

无论过去还是现在，社会每个人都作为一个“经济人”，工作是为了满足私利，把追求经济报酬作为唯一目的，但是在利益面前，忠义道德同样也不可缺失。高额的利润报酬能吸引更多的员工加入，忠义能留住更多的员工和赢得客户信任，所以为了追求高额利润而又不丧失员工、客户，如何平衡义利之争的问题对于企业发展有很大影响。山西票号受中国传统文化的影响，崇尚关公的信义的价值观，主张以义制利、利从义来；而在现代商业银行中，普遍形成“利”战胜“义”的道德缺失，这与山西票号“以义制利”的关公崇拜背道而驰，直接影响现代商业银行金融文化体系的建设。

7.1.1 山西票号的关公崇拜与义利伦理

关公，即关羽，据《三国志·关羽传》记载：字云长，本字长生，河东解人也。是三国蜀汉时期的五虎上将之首，忠义双全，威震华夏。小说《三国演义》通过“桃园三结义”“华容道义释曹操”等故事把关公的忠义形象刻画得淋漓尽致。明清时代为了推崇忠义的美德，关公被誉为“协天护国忠义帝”“忠义神武关圣大帝”“三界伏魔大帝神威远震天尊关圣帝君”，使关公崇拜走向极盛。

此时，晋商发展到鼎盛之时，由于关公出于山西，符合山西人惯有的乡土情结；喜好读《春秋》，符合山西票号对儒家文化的崇尚；忠义仁信，符合晋商信义、以义制利的价值观。所以山西票号把关公奉为财神，所到之处修建关帝庙，祭祀关公。关帝庙，亦称武庙，与孔夫子的文庙并称。山西运城解州关帝庙建于隋开皇九年（589 年），称为武庙之祖。

随着晋商把生意越做越大，以山西为中心，向东、南、西、北各个商口辐射，走向全国，甚至做到海外。凡是晋商较为集中的商埠重镇，都建立自己的会馆，作为山西籍商人的联络点。但无论在哪里建立会馆，都是以关帝庙为主体的建筑，把关羽作为主神祭拜。据《重修河东会馆碑记》中记载："至初立会馆，先设帝位，兼设财火神以为配，是其敬神即所以尊帝，尊帝即所以笃乡谊也。"有学者推算，至清末民初，全国以 30 省计，每省以 100 县计，全国约有孔庙 3000 座；又以每县 100 村计，全国有关帝庙当在 30 万座。[①]可见武庙之多，全国上下崇尚"关公文化"。

表 7–1　会馆关庙一览表

省份	会馆名称	地址	祭祀
北京	平阳会馆	前外小蒋胡同	关庙
北京	临汾会馆	前外打磨厂	殿宇
北京	潞郡会馆	广渠门内小兴隆街	殿宇
北京	晋翼会馆	前外小蒋胡同	关帝
天津	山西会馆	粮店街	关帝

①葛贤慧：《商路漫漫五百年——晋商与传统文化》，华中理工大学出版社，1996 年，第 204 页。

省份	会馆名称	地址	祭祀
河北省保定	三晋会馆	东大街	关帝
蠡县	山西会馆	大百尺镇	关帝
大城	山西会馆	子牙河下湖	关帝
永清	山西会馆	南关镇北	关帝
吴桥	山西会馆	旧县城内	关帝
任丘	山西会馆	城西关	关帝
张家口	太谷会馆	东关街	关帝
辽宁省海城	山西会馆	西门外	关帝
朝阳	山西会馆	东大街	关帝
辽阳	山西会馆	西门外	关帝
铁岭	山西会馆	鼓楼北侧	关帝
吉林省吉林市	山西会馆	东莱门外	关帝
宁安	山西会馆	西大街	关帝
山东省聊城	山西会馆	五常	关帝
菏泽	山西会馆	解放大街	关帝
安徽亳县	山西会馆		关帝
江苏省徐州	山西会馆	云龙山	关帝
江苏省苏州	山西会馆	张家巷	关帝
河南省开封	山陕会馆		关帝
河南省朱仙镇	山西会馆		关帝
河南省洛阳	潞泽会馆	东关新街	关帝
河南省洛阳	山陕会馆	南关教场街	关帝
河南省周口	山西会馆	富实强街	关帝
河南省社旗镇	山西会馆		关帝
湖北省汉口	山陕会馆	汉皋循礼坊夹街后	关帝
湖南省湘潭	山西会馆	平政路	关帝
新疆巴里坤	山西会馆	哈萨克自治县汉城街	关帝
甘肃省张掖	山西会馆	小南街	关帝
云南省昆明	山西会馆	晋宁街	关帝

资料来源：刘文峰：《山西商人与梆子戏》，文化艺术出版社，1996年。

山西票号作为晋商的主力军,一直奉关公为联结同乡的精神偶像,作为忠义的榜样、至高无上的神,以表达对忠义诚信的信奉。会馆会定时举行祭祀仪式,重要的集会、议事也都在关帝庙前举行,来加深、弘扬关公的忠义精神,教育约束同行。这种通过以关公为载体,把山西票号的价值观融入员工的血液中,使之成为行为准则的行为,是山西票号金融文化外化的表现。这样,无论是山西票号员工,还是客户,只要一听见或看见关公、关帝庙,立马就会联想到山西票号、诚信、忠义,使关公成为山西票号金融文化的象征。

山西票号崇尚关公的忠义的价值观,忠是指下级对上级的指示无条件服从和忠诚,如臣忠于君,子忠于父等;义是指对他人讲信义,保证人与人之间的正常交往。山西票号成功地把这种价值观融入其中,并且无时无刻地体现在山西票号以义制利的经营管理上。山西票号所承载的“义”,可以区分为两层含义:一层是内部对待号内员工,不论你是掌柜经理,还是伙计,不论等级,都要义字当先,形成一股凝聚力,就像桃园三结义中的兄弟一样团结同心,彰显人格魅力。另一层是外部对待同业、对客户,与不同地区、不同形态的人打交道,都要以信义、诚信为先。从而以义当先,在合伙之间不欺不诈;以义当先,与同业做生意互帮互助;以义当先,保证客户群体的稳定关系。如果没有诚信,客户怎么敢把真金白银交予票号,票号的起源、汇兑业务、顶股分红从何谈起。这也就是《国语·晋语》中所说的“义所以生利也……不义则利不阜”,“夫义者,利之足也;贪者,怨之本也。废义则利不立，厚贪则怨生……贪则民怨，反义则富不为赖"，"义，利之本也"，"德义，利之本也"，"利，义之和也"，都是在揭示先义后利、见利思义的道理。[①]所以说山西票号成功地从传统的中国伦理道德观"重义轻利"中保留了"义"，提炼为"以义制利"作为金融文化的核心，这是传统文化与经营目标的协调统一。

蒲州王家的创始人王现以实际行动诠释了"以义制利"的金融文化。王现经商以后有一次回家，发现家族子弟做买卖的时候有缺斤短两的行为，他就把家族的子弟都带到了关帝庙，率众在关羽像前核准了秤杆的刻度，并且在秤杆的最后钉了三颗铜星。这三颗星代表了福、禄、寿的意思，就是说做生意的时候，如果少了一两就是缺德，少了二两就一定要破财，缺了三两就要招来天谴，必折阳寿。[②]在当时宗教严肃的社会里，王现敢于让伙计在神前赌咒，可见其"君子爱财，取之有道"，这种良苦用心支撑着崇尚信义、以义制利的价值观，规范着晋商讲诚信、守信义的行为规范。

7.1.2 现代金融企业的道德缺失

中国儒家思想的代表人物孔子一生提倡"以德为先"。道德在人们的实践活动中作为一种社会意识形态，调节人与人、人与社会的和谐发展，代表着社会的价值取向。对现代商业银行来说，道德集中表现在诚实信义，对银行与客户、内部员工，银行

①葛贤慧：《商路漫漫五百年——晋商与传统文化》，华中理工大学出版社，1996年，第205页。

②孔祥毅、陶宏伟：《晋商案例精选》，经济科学出版社，2008年，第240页。

与同业之间的关系有重要影响，因为现代银行作为服务业，为社会提供信用中介，只有以德待人、诚实信义，才能赢得客户的满意、员工的努力、同业的尊重，塑造良好的形象，实现商业化银行持续、健康发展。

现代社会每个人身上都有“经济人”的概念，工作是为了满足私利，把追求经济报酬作为唯一目的。所以当银行委托人（所有者）和代理人（经理者）之间存在利益目标不一致、信息不对称等内部冲突时，掌握实际控制权的代理人可能会按照自己的利益而不是委托人的利益行事。①所以近年来，巴林银行倒闭、日本宇宙信用组合挤兑、美国次贷危机华尔街大批银行破产等一连串的金融事件的爆发，现代商业银行管理者利益决策和银行从业人员以权谋私等道德缺失的问题日益突出，引起了社会对现代商业银行道德缺失的关注。

2007年美国次贷危机爆发，引起了全球金融风暴的连锁反应。这次危机不仅仅是一次单纯的经济危机，更是一场道德危机、诚信危机。华尔街的商业银行和投资银行从抵押贷款公司收购抵押贷款后，重新打包成质优价廉的抵押担保证券卖给投资者。但是商业银行从经济人的假设角度出发，以次充好就能获取高额利润，于是委托评级机构给予认证，同时对投资者隐瞒事实，提供不真实的报告信息，这样一来外部监管无从预防监管，二来投资者无法有效规避风险，商业银行与投资者形成一种信息

①李春满：《现代银行文化经营》，吉林人民出版社，2005年，第79页。

不对称的局面，从而使市面上充斥着次级贷款债券，最终导致了危机的爆发。追其原因，是经济人的私利本性和信息不对称共同影响造成的，即“利”与“义”的博弈。

在现代商业银行中，容易形成“利”战胜“义”的道德缺失，这与山西票号“以义制利”的关公崇拜背道而驰，一方面商业银行的管理者为了维持眼前利益而放弃长期目标，造成决策时的道德缺失；另一方面银行内部员工贪图己利，造成操作时的道德缺失，这两种行为在商业银行经营管理中普遍存在，实实在在地威胁着现代商业银行的快速、持续、健康发展，影响着内部员工的身心、业务素质的提高，阻碍着同业之间的诚信守法的合作。

“经济人”理论同样存在于山西票号时代，但是为什么山西票号能够在利益面前不动声色，以诚实信义为先导，这与山西票号诚信为本的企业文化息息相关，诚信为本能够有效地降低票号内部人员操作风险、信用风险产生的可能性，所以山西票号在遇到危机时也能安全渡过。因此，现代商业银行需要借鉴山西票号的崇尚信义、以义制利的价值观。首先，银行经营的就是信用，需要营造一套配套的诚信为本的金融企业文化，把诚信纳入到运营机制中去；其次，从招聘、培训制度上入手，深抓管理者和员工的道德素养培养，管理者需要自律，为下级做好道德示范工作，引导员工在工作中守法、诚信地规范操作；再者，建立诚信运营标准，运营中稳健谨慎，完善风险体系，加强评价监督；最后，完善诚信法律保障体系，对银行员工在违反操守时，需要有严厉的法律惩罚，达到约束作用。

7.2 善待相与

企业需求围绕着两层含义，一是客户的需求，即客户对企业业务与服务的需求；二是企业员工的需求，即员工对所处环境及自身素质的提高的需求。任何企业在经营活动中需要人来决策，政策贯彻需要人来执行，业务来往需要人来维持，所以人都是最具有活力和价值的核心资源。山西票号无论是在对待内部员工，还是外部客户和相与的态度上，都采取中和之道，以礼相待，注重人和；而现代商业银行行业内、行业间制度整体性缺失，以人为本的理念淡薄，究其根源，是自我中心文化在作祟，增加了协调的困难，不利于商业银行系统的整体发展。

7.2.1 山西票号善待相与与中和之道

中国的传统文化提倡“中者也，天下之大本也；和者也，天下之达道也。致中和，天地位焉，万物有焉”[①]。就是说中和是万物各安其所、各司其职的处事方式，是其理想能到达的一种境界。而《尚书·泰誓》中说：“惟天地，万物父母；惟人，万物之灵。”意思是人是万物的主导，只有人能改造利用万物，使万物为人服务。同时，“和”也一直被儒家所推崇，并且更加注重以人为本，孟子认为“天时不如地利，地利不如人和”[②]，荀子同样认为“上不失天时，下不失地利，中得人和，而百事不

①《礼记·中庸》，中华书局，1976年。

②《孟子·公孙丑》，中华书局，1976年。

废”[①]。可见在中和之道中，人和，即人的和谐、人的凝聚、人的团结，与天地相比，更为重要。

山西票号受中国传统文化的影响和熏陶，主张“和为贵”“和气生财”，注重号内外一切事物和谐相处，并作为立身行事的行为规范，各处人位，皆取和衷为贵，在上位者固宜宽容爱护，慎勿偏袒；在下位者亦当体量自重，毋得放肆。[②]单个个体的力量和贡献有限，而群体的力量和贡献则是无穷的，通过“人和”的价值观，凝聚起个体的力量，发挥群体的价值，这正是山西票号以善待相与与中和之道为伦理价值观念融汇的表现。所以说山西票号兴盛得益于天时，得益于地利，但是更得益于人和。

山西票号对待外部客户以礼相待，和气做生意。顾客进门，首先由伙计礼貌地请进大厅，然后为顾客打身上尘土、端水洗手，以解远行疲劳，再递上烟草茶水，由经理出面交谈。整个过程气氛和睦，往往顾客十分满意。可见和气是做好生意的必备条件之一。

山西票号对待内部员工团结友爱、以和为贵。大盛魁创始人王相卿、张杰、史大学三人像桃园三结义那样，义结金兰为异姓兄弟，由扁担商贩一步步起家，在遇危机时能除夕夜喝稀饭共渡难关。可见人和的力量是无穷的，只要人和，是没有什么难关过不去的。

①《荀子·王霸》，中华书局，1976年。

②中国人民银行山西省分行、山西财经学院：《山西票号史料》，山西经济出版社，1990年，第597页。

山西票号重视长久经营，善待相与，同舟共济。所谓“相与”，就是诚实可信并与本号有业务来往的商号与同行。山西票号与其关系密切的各大商号以乡亲之谊彼此团结，通过会馆和商会立法建立相与关系，既要保持业务间的平等竞争，又要相互照应扶持。建立相与关系前，山西票号一般会认真了解，条件具备的才与之有业务来往，否则就委婉地谢绝邀请。一旦建立了相与关系，就要友好照应，做到质优价廉，即使没有利润，也不可以背叛。可见山西票号慎选、善待相与，稳定了市场秩序，还降低了经营成本和风险，使得山西票号经营长久有序，相与间共赢。

榆次的常家就在日常经营活动中十分注重与相与的相处。常家天亨玉面临破产，掌柜需要抽回资本还债，这时掌柜王盛林凭借个人信用，向相与大盛魁求救，相与借银三四万两使天亨玉渡过了破产的危机，并改名天亨永。1929年当大盛魁遇到危机时，王掌柜就主动送去二万银元救济相与。面对号内伙计的质疑，认为无法归还，王掌柜却说：“没有二十年前相与的救济，就没有现在的天亨永。”可见相与之情，可以帮助同行渡过难关，协调行业内的竞争，消除人际关系间的矛盾，处处体现人和的威力。

山西票号利用会馆、商会制度，为相与间的“人和”创造了良好的实行环境。由于地域关系，晋商为了维护相与间的利益，协调好关系，自发地成立了商会、会馆，一般作为相与聚会、处理纠纷、表扬公益善举的办事机构，并形成了同业组织管理、惩罚制度，使得其为相与们服务。光绪二十九年（1903年）的北京汇兑庄商会章程说:“商会之设,原所以联络同业情义,广通声息。中华商情向来涣散,不过同业争利而已。殊不知一人智慧无多,纵能争利亦属无几,不务其大者而为之。若能时相聚议,各抒所见,必能得巧机关,以获厚利。即或一人力所不及,彼此信义相孚,不难通力合作,以收集思广益之效。”①可见会馆、商会在当时起到了联系相与、协调关系的作用,处处体现“人和”的目的。与此同时,为了给予相与、同业间提供一个良好的经营环境,会馆、商会会出台一些规章制度,如平色公议砝码标准统一,招揽客户需妥当,不得随意降价让利等等,约束同业、相与间的不正当竞争行为,使其业务上进行分工,互相帮助,各自和气做生意,维护会内的共同利益。如若违反了规定,则处于一定的惩罚,如罚款、罚戏、送官严治等。受惩罚者往往信誉扫地,日后经营惨淡,这往往比受惩罚更为难堪。会馆、商会在无形中扮演着一个法官的角色,为相与提供公平、公正的平台做生意,保证“人和”的观念渗透入经营活动中。

7.2.2 现代金融企业的自我中心文化

随着宏观经济的发展,良好的大环境促使着现代商业银行如雨后春笋般冒出来,这给予广大人民群众办理业务、投资理财带来极大的便捷。与此同时,商业银行开办的数量越来越多,把整

①毛成刚、乔南:《晋商文化与家族商业研究》,经济管理出版社,2008年,第73页。

个市场比喻成一个蛋糕，其大小不变，要想多分到一块蛋糕，同业间的竞争不可避免。山西票号在金融业竞争中求得协调，形成一个票号与顾客、票号与票号、票号与商号之间和谐的运营系统，使得山西票号在数百年的历史中屹立不倒。现代商业银行行业内、行业间竞争机制整体性缺失，“踢皮球”“扯皮”现象时有发生，不但降低了工作的效率，还增加了协调的困难，不利于商业银行系统的整体发展。

现代商业银行行业内部、外部的制度不完善，致使自身发展受限，这只是表面现象，究其根源，是自我中心文化在作祟。在客户（包括个人与企业）、同业以及商业银行自身三者之间的业务来往中，现代商业银行总是以自我为中心，在自身权力与他人权力起冲突时，以自我权力为中心；在自身利益与客户利益起冲突时，选择以自我利益为中心；在商业银行自我价值与同业之间群体价值实现认识上，选择以自我价值为中心。所以说现代商业银行在自我中心文化的熏陶下，在制定银行行业内、行业间制度的时候往往一般从自身的角度出发，制定的制度和措施目光较为狭隘，忽略了商业银行作为金融系统中的一员，与其他金融机构相互联系、相互制约，其制度实施在金融系统中的整体性、协调性会直接影响自身的经营发展。

例如商业银行在柜面上制定了“离柜概不负责”的制度，针对于客户在柜台前办理业务，确认完当场签名认可，如若离开柜台后出现差错不负责任。一方面，从制度自身说，制定的角度不够全面，只考虑到银行的处境，而忽略了客户的权益与感受，易削弱辛苦树立起来的客户信心，是现代商业银行自我中心文化的具体表现；另一方面，权责机制的不对等，导致金融系统发展畸形，是现代商业银行自我中心文化的影响后果。商业银行服务工作难免出现人为或者机器差错，比如说客户在取款时，夹有假钱，银行却以“离柜概不负责”制度拒绝承认责任，而此条制度对于取钱多付的客户却失效，银行有权追索多付的钱。这种权责不对等的事件常常发生。再如，在我国ATM取款机出错，客户多取钱被判为诈骗罪名时，银行却不承担责任。这种商业银行自我中心文化的形成，严重损害了客户的利益，使银行信誉度在公众的心中降低，重塑较为困难。

现代商业银行与同业之间业务往来密切，如银行与保险公司合作，提供银保业务；银行与基金公司合作，提供基金理财业务；银行与垄断企业合作，提供水电煤气代收费服务等。但是在实际经营业务过程中，商业银行过于以自我为中心，服务制度的不连贯、权益责任与利润分配的纠纷比比皆是。所以现代商业银行需要借鉴山西票号“和气生财”的经营理念，注重行内外一切事物和谐相处，以此作为立身行事的行为规范。第一，在商业银行内树立员工群体价值观，通过规章制度落实到实处，形成一种分工合作的团队精神，加强员工责任感、归属感；第二，抛弃整个商业银行“以银行为中心”的观念，转变为“客户至上”的理念，不断地更新和改造，运用行内资源最大地满足客户的需求，使我国现代商业银行与国外商业银行（如花旗银行崇尚以人为本）理念接轨；第三，将山西票号的中和之道融入银行内部，中庸的思想要求人与人之间、银行与客户之间以及银行与同业之间要讲和谐，关系不偏不倚，把握一个平衡的“度”，达到天人合一，这对现代商业银行在处事待人上提出了一个很高的要求。

7.3 同舟共济

马斯洛在《人类动机的理论》一书中，提出了著名的需求层次理论，将人的需求划分为五个层次，依次是生理需求、安全需求、情感和归属需求、尊重需求、自我实现需求，逐级递增。简单的，可将五层次划分为物质需求和精神需求两层次。基于人本主义心理学，动物的本能与人的内在力量是不同的，为了先满足物质需求，后满足精神需求，人的行为靠意识支配，以实现内在价值。山西票号的领导者注重对人的培养、潜能的激发，将人的意识需求拔高，以体现其社会责任；而现代商业银行只留存于初级的物质需求，以利益为目标，这是现代商业银行与山西票号需求文化上的巨大区别。

7.3.1 山西票号同舟共济体现的社会责任意识

山西票号作为中国商业革命的产物，不是独立于社会而存在的，而恰恰是迎合了时代而生，并且经营得井井有条、繁荣昌盛，也随着清朝的灭亡而逐渐走向衰败，这与当时的社会发展是紧密联系的。山西票号与山西票号之间的利益也相互制约着，如若互相以不当行为争客户、夺利益，想必也走不长。山西票号内部人员有钱的顶银股，有力的顶身股，共同组合成一个运营系统，哪一方面协调得不好都会加大危机出现的可能性。所以山西票号在经营理念里始终有着与社会、与同行、与雇友同舟共济的思想，社会兴、同行和、雇友齐，则票号盛；社会衰、同行争、雇友散，则票号亡。

所以山西票号要想经营长久不衰，就需要加强对社会、同行、雇员有一种同舟共济的思想感情，体现了社会责任意识。所谓公司社会责任，是指公司不能仅仅以最大限度地为股东们盈利或赚钱作为自己的唯一存在目的，而应当最大限度地增进股东利益之外的其他所有社会利益。包括雇员利益、消费者利益、债权人利益、社区利益、环境利益等。[①]山西票号的社会责任就是指山西票号承担对社会有利的责任义务，以一种有利于社会发展的方式去经营管理，使票号与社会（社会环境、社会道德、社会利益）共同和谐地可持续发展。这不仅表现为票号通过兴建土木水利、开展文化教育、赈灾救荒等公益事业的行为来体现其社会责任意识，同时也体现在对客户、对同行、对国家的周到服务等多方面，从而使整个大的社会环境得到了改善，那么处于小环境的票号自然经营得心应手。

山西历来有重商观念。因为在那个贫瘠的年代，经商能够带来比其他行业（士、农、工）丰富的物质利益。顾炎武曾说过："吴中风俗，农事之获利倍而劳最，愚懦之民为之；工之获利二而劳多，雕巧之民为之；商贾获利三而劳轻，心计之民为之。"[②]山

①刘俊海：《公司的社会责任》，法律出版社，1999年，第6—7页。
②顾炎武：《天下郡国利病书》卷五。

西民间也有“生子有才可做商，不羡七品空堂皇，好好写字打算盘，将来住上个茶票庄”等顺口溜。所以晋人都以家中有人在票号做事为荣，并且收入也颇丰。但是山西票号员工没有数典忘祖，而是积极地投身于社会公益事业，其利润一部分投入到兴建土木、捐助军饷、祠庙赈灾等，体现了其强烈的社会责任意识。

据《平遥县筑城开河碑记并序》碑文记载，山西票号在道光三十年（1850年）至咸丰六年（1856年）向清廷多次捐饷用于筑城、铺路、修水利等。下表为咸丰三年（1853年）十月山西票号捐银，各家山西票号捐款人数不一，分别按360两、430两、450两、460两、480两、500两、530两、550两、750两的数额向清廷捐献饷。

表7-2 山西票号咸丰三年（1853年）十月捐助平遥县筑城开河银两数

山西票号	经理	籍贯	捐银两数
日升昌	程清泮	平遥县人	捐银750两
天成亨	张河锦	平遥县人	捐银450两
	王家宾	平遥县人	捐银100两
蔚泰厚	毛鸿翔	平遥县人	捐银400两
	孔其芳	平遥县人	捐银250两
	王家隽	平遥县人	捐银100两
隆盛长	毛成缙	平遥县人	捐银360两
万盛成	王培绪	平遥县人	捐银360两
聚发源	王克新	汾阳县人	捐银360两
	李　维	汾阳县人	捐银100两

山西票号	经理	籍贯	捐银两数
万成和	王培义	平遥县人	捐银330两
	王培德	平遥县人	捐银100两
义兴永	王思恭	平遥县人	捐银330两
	牛联奎	平遥县人	捐银120两
蔚丰厚	郝清凝	平遥县人	捐银300两
	张仰之	阳曲县人	捐银100两
	刘锡龄	大兴县俊秀	捐银100两
新泰厚	赵巨渊	介休县人	捐银236两
	刘承统	平遥县人	捐银144两
	王如椿	平遥县人	捐银100两
光泰永	胡学升	平遥县人	捐银230两
	范兴仁	平遥县人	捐银230两
巨兴和	贾存业	大兴县从九	捐银330两
	孟　棠	太谷县人	捐银100两
	温秉玓	祁县人	捐银100两

资料来源：黄鉴晖：《山西票号史》，山西经济出版社，2002 年，第 106 页。

再如，据《祁县志》记载，光绪三年（1877 年）北方旱灾，山西受灾严重，这时山西票号就以不同的形式救济穷人，为社会反哺，表达仁爱之心。太谷曹家布施衣服和粮食给穷人，帮其渡过难关；祁县乔家乔致庸派人熬粥施予村民，熬粥的标准一定要"插上筷子不倒，解开包袱不散"；榆次常家十分注重穷人的尊严，则以盖戏楼的方法救济穷人，搬一块砖管一天饭。

山西票号的社会责任，更重要地体现在以合理的价格、合格的产品对客户、对同行、对国家进行周到的服务等方面。

山西票号前期主要经营商款存、放、汇兑，其业务由镖局运现转变而来。由于镖运现金开支大，费时间，又常常出现差错，山西商人就寻求他法，通过书信进行异地存、汇、兑一条龙服务。其业务种类繁多，包括同业对交、迟票、兑条、信汇、汇票、电汇等，再加上严格的密押制度、童叟无欺的信誉、低廉的手续费，满足了工商铺户的长期以来的金融需求。在对工商业放款方面，山西票号低廉利率的产生，打破了高利贷剥削小生产者全部剩余劳动的状态。据统计，典当铺月息最高3分，即年息36%，山西票号最高年息9.6%，比典当铺年息低73%，比民间高利贷利息就更低。1796～1820年，清刑部286件借贷案件的利率，月息3分至10分以上者占63.28%。平均月息5分计算，等于年息60%，比工商利率最高高出5.25倍。[①]剩余劳动的增加给予工商铺户极大的经营动力，从而促进了商品经济的发展。

太平天国失败以后，山西票号转变为从事官款存、放、汇兑为主，为清政府筹措财政经费、垫付京协饷、代理财政金库等，同时也经营股票，主要代客推销，如川汉铁路股票、粤汉铁路股票等。[②]山西票号在经商的同时以爱国情怀突显其社会责任意识，十分关心国家形势的变动，当国家危难时，主动伸出援手，不惜一切代价帮助国家渡过难关。表达出其强烈的爱国精神。光绪二十四年（1898年），政府与英国福公司秘密签订了开采山西煤矿

①黄鉴晖：《山西票号史》，山西经济出版社，2002年，第158—159页。
②孔祥毅：《金融贸易史论》，中国金融出版社，1998年，第110页。

的合同，山西各界人士强烈反对，发动保矿运动，最终使合同终止，但是英国福公司要求赔偿275万两白银。祁县渠家渠本翘出面向山西票号筹集赔款，当时由于战乱，山西票号的营业情况并不好，但是还是以国家主权为重，积极垫付了赎矿款。可见山西票号在个人利益和国家利益起冲突时，以国家利益为上，其社会责任感令人敬佩。

7.3.2 利润不应当是现代商业银行的唯一目标

现代商业银行作为一种特殊企业，首先具有一般工商企业的基本特征，以追求最大化利润作为最终经营目标，这一点是相同的。但是必须看到，银行经营的是货币和货币资本，没有具体商品形态的限制，可以渗透进经济的各个领域，周转运营起来利润高额，决定着现代商业银行在经营过程中利润的广泛性、高额性。同时，现代商业银行在经济生活中具有信用中介、支付中介、信用创造、提供金融服务和调节经济的职能，影响着国民经济与国家宏观经济政策的实施，这是与普通工商企业所不同的。

西方经济学所谓“经济人”假设，驱使现代银行寻求更高额、更广泛的利润是现代商业银行经营、发展和创新的动力。岂不知现代西方经济学已经忘记了他们的老祖宗亚当·斯密的两论中的“道德情操论”，只留下“国富论”，人成为唯一的“经济人”。在追逐利润的同时，现代商业银行需要深思的是：商业银行内部各部门的运行是否协调得好；各个政策是否符合银监会的标准；顾客是否真正地享受到有质量的服务。倘若一味地只追求高利润，现代商业银行就只是唯利是图的商人，而与其应该承担的社会责任背道而驰，这是一种不正常的现象。

我国商业银行目前仍处于扩张期，银行之间的竞争处于混乱的状态，外部的监管无力，为了追求利润和规模扩张，必会导致经营风险的意识麻痹。正是在这种唯利是图的文化主导下，一些企业在非正常程序下得到了巨额的贷款，经营亏损不能及时还贷，对金融与经济运行安全雪上加霜；商业银行利用搭售理财产品或者收取贷款服务费等方法来获取利润，为客户贷款服务添加了利益色彩；商业银行不顾企业生产经营的需要，为了早放款早收益，第一、二季度加大力度放款，第三、四季度即使企业有需要，放款数额也较少，违背了企业均衡生产的宗旨。这是一种唯利是图的金融文化。

必须看到，那种只从自身利益出发，追求短期利润的做法，首先会使银行作为资金的持有者对生产过程中不合规的企业给予帮助，打破了生产运营系统的公平性，阻碍了市场的良性发展；其次，违反了银行的规章制度，客户质量得不到保证，加大了资金流动的风险性；最后，银行的资金活动，影响了宏观经济活动的调控，弱化了应承担的社会责任。

现代中国的商业银行确实也存在唯利是图文化，追其根源在于中国经济基础是从自给自足的自然经济上发展起来的，并且现代银行的起步较晚，因此，五千年的中国传统文化必然与现代市场经济、现代银行经营理念产生排斥。所以近代以来，中国一直力求打开大门，学习西方先进文化、理论、制度、技术等，但一些人以为西方文化与市场经济匹配，一切西方的东西都是正确的，可以直接拿过来用。然而这种急功近利的思想恰好忽略了中国五千年积累的传统文化，否定了传统文化中存在的有价值的成分。第一个高潮是辛亥革命前后到新中国成立前。一方面，旧式的金融机构与业务已不能满足日益发展的金融需求；另一方面，最早的商业银行是由大清帝国于1897年成立的中国通商银行[①]，远晚于1580年的威尼斯银行。中国的银行制度底子薄、经验少，直接导致现代中国银行制度的"拿来主义"，基本是照搬美国的，比如管理理论、组织架构、监管模式等。新中国成立初期，中国则是照搬前苏联的经验，实行了高度集中的计划管理体制，建立起大一统的银行理论与制度。第二次高潮是改革开放以来。邓小平主张："任何一个民族，一个国家，都要学习别的民族、别的国家的长处，学习人家的先进科学技术。"于是国有商业银行与股份制银行如雨后春笋般在全国各地矗立起来。外国的金融制度先进、完善，值得全世界学习，当然也值得中国借鉴。但是两次引进西方银行理论制度，一次引进苏联银行理论制度，使得中国自己的金融文化断了根，而西方唯利是图、道德诚信问题也逐渐暴露出来。西方银行的实用主义哲学观，以现实生活和经验为基础，把获得成效作为最高目标，一切为了效用与利益，与中国同舟共济的传统文化相悖，

①杜恂诚：《中国近代两种金融制度的比较》，《中国社会科学》2000年第2期，第178页。

盲目地效仿西方银行的经营理念只会屡屡乱象丛生。所以说现代商业银行唯利是图文化的形成是由于过分依赖西方文化，而摒弃了中国传统文化的精华。

唐双宁接受《中国文化报》采访时曾说过，政治是暂时的，经济是长远的，文化是永恒的。中国悠久的文化近年被西方人重视，如：美国唐人街举办各种百年庆典活动推广中华文化，英国将投资10亿英镑建造一个中国文化公园，这就是看到了中国传统文化的忠义仁信价值观的深远意义。中国同样可以借鉴这种思维模式，以中华民族传统文化为基石，吸收西方金融文化优秀的成分，去其糟粕，建立起有中国特色的金融文化，为中国的市场经济而服务。而山西票号以同舟共济的社会责任为传统文化标的，在一百多年前就为现代商业银行做了一个好榜样。有些人认为金融企业以追求利润为目标，利益和社会责任不可兼得，但是山西票号用事实证明了二者可以兼得，通过存放汇兑业务每年盈利巨额，同时也不忘兴建土木水利、开展文化教育、赈灾救荒等，承担起应尽的社会义务，赢得顾客的赞赏。所以说现代商业银行经营不能只为了赚钱，这是一种低层次的想法。我们人具有主观能动性，对事物具有多层次的看法，就需要利用所能利用的一切资源挖掘自信心、激发潜力，做得更多。

银行企业的经营必须盈利，从而才能持久地经营下去，但是通过哪种途径获取利润同样值得深思。俗话说，君子爱财，取之有道，金融企业以利益为目的是生存的本能，但是得以一定道德标准为底线。山西票号在年度考核时以结利疲账定功过，但是前提是不损害他人利益为前提，这种思想需要加到现代商业银行的日常考核中去。比如，商业银行贷款会得到利息，为了扩大利息额，则会想方设法寻找贷款客源，但是相应的贷款多了，社会上钱多了，势必会增加通货膨胀，影响宏观经济的不平稳发展，所以商业银行在经营活动中要以不影响宏观经济走势为主导；对待客户以客户利益为上；同业之间竞争要相互帮助，互惠互利，使利润获取途径合规。

所以，现代商业银行需要借鉴山西票号同舟共济的社会责任意识，加强对社会、同行、员工的责任感，所有行为主体形成一个利益相关经济体，只有以尊重他人的利益为前提，自身利益才会得到更大的发展。第一，抛弃唯利是图文化，实行“银行人”教育，加强责任感、使命感教育。我国现代商业银行应该遵循以客户服务为宗旨、维护金融市场稳定为中心、稳定国家宏观经济调控为前提，树立起社会责任感、国家责任感、银行主人翁责任感，通过其提高商业银行的经营管理水平、服务水平，形成核心竞争力。第二，加强风险约束管理。商业银行对于国家的依赖性还较大，这就容易出现利润归自己、风险归国家的现象，使得商业银行在经营中注重利润扩张，忽略风险约束，而陷入风险陷阱。所以需要加强风险约束管理，平衡利润扩张和风险约束比重。第三，领导者在商业银行承担社会责任上发挥主导作用，盈利能力“弱”一点，服务质量“高”一点，建立起符合自身角色的定位。

7.4 修齐治平

人的需要层次是依次递增的，在具体需要上看，是物质在先还是精神在先，分析较为复杂。但是从理论上来说，一般是先满足物质需求，再满足精神需求。这个过程以人为主导，分析人的需要的改变而衍变，所以个人素养的高低直接影响着人的需求层次的转变。山西票号受儒家思想影响，注重经营者的修齐治平素养的培养，只有“心”的修炼与“智”的塑造的充分融合，才能使山西票号员工真正地步入精神的需求；而现代商业银行缺失文化理想，惯以我行我素，人的本质没有改变，金融企业的发展必然受阻。

7.4.1 山西票号经营者的修齐治平素养

儒家思想认为，古之欲明明德于天下者，先治其国；欲治其国者，先齐其家；欲齐其家者，先修其身；欲修其身者，先正其心；欲正其心者，先诚其意；欲诚其意者，先致其知，致知在格物。[①]用一个词语归纳就是“修齐治平”，意思是要想治理好国家、整顿好家，就需要进行修身养性，而这就需要做到端正思想、心意诚实、明白吉凶善恶、推究天下事理等等。无论你是平民百姓，还是皇帝大官，心智素养的修炼无一例外都作为人生的根本。山西票号的经营者作为芸芸众生中的一员，无疑也要遵循着这一条标准。

①《礼记·大学》，中华书局，1976年版。

心是指以克己之心、忠义之心、仁爱之心、诚信之心为儒学修身目标，智是指具有精明能干的头脑，不断学习的动力和创新的精神等。一个人的心智素养在其一生中起着重要的作用，直接决定着一个人的为人处世和做事方式，从而决定着其今后的作为。山西票号之所以能百年长青，这与号内人员注意心智素养的修炼是分不开的。山西票号内部不管是掌柜还是经理，都要饱读诗书、精于算计。在常家200余年经商、兴学相交融的历史中，仅取得秀才、举人、进士等功名的就有170余人。[①]并且即使发达之后，晋商也不忘读书。如蒲州沈邦良，自幼好学，后来经商成功后也随身带《小学通鉴》，不断地学习提升自我修养。正是这种尚学的品德，保证了山西票号经营者的见识、品德、素质不断提高，把心智素养和经商经验有效地结合起来，领悟心智的真谛，用于经商的实践，使山西票号做得越来越好。

山西票号重视对子弟和员工进行文化教育。祁县乔家在经商的初期，吃了文化程度低的亏，在生意好转时重金聘请文人名士教育子弟，年薪200大洋，宴请时请为上宾，送师时礼节繁多。

山西票号对子弟和员工的教育的主体文化是儒家文化，以《论语·颜渊》中的“克己复礼为仁”为标准，严格约束凡事以自身利益为出发点的行为，提倡应该顾全别人的感受，并且还要

①孔祥毅、陶宏伟：《晋商案例精选》，经济科学出版社，2008年，第245页。

克制私欲，严于律己，杜绝营私舞弊，以勤俭廉洁为美德；以《荀子·尧问》中的“忠诚盛于内，贲于外，形于四海”为标准，严格地要求凡号内人员内忠于财东和掌柜经理，外对同行、顾客讲义气，以爱号敬业为美德；以《论语·卫灵公》中的“己所不欲，勿施于人”为标准，严格地要求号内人员乐善好施、不计得失，树立公众形象，提高知名度和美誉度，以仁爱厚德为美德；以《论语·为政》中的“人而无信，不知其可也”为标准，严格地要求号内人员先讲信，再讲义，最后才是利，赢得了顾客的光临、同行的尊重、员工的努力，以诚信名誉为美德。这就是以克己之心、忠义之心、仁爱之心、诚信之心为修身养性目标的体现。

与此同时，具备“心”的修炼，还需要“智”的融合。山西票号对员工和子弟教授业务经营课程，以增加其业务能力。首先教好日常行为礼仪，晋商《贸易须知辑要》中规定：“学生意先要立品行，但行有行品，立有立品，坐有坐品，食有食品，睡有睡品。”①学徒需每日打扫卫生、侍候掌柜，这有利于提高个人修养，接待顾客时以礼相待，定会生意兴隆。在业务学习上，第一，需熟记“平码银色折”，便于日后快速换算利差；第二，需精于打算盘，培养其头脑、胆识和谋略；第三，写一笔好毛笔字，抄写日常信件。“心”与“智”结合，使二者互相促进，才形成真正的心智素养。

①孔祥毅、陶宏伟：《晋商案例精选》，经济科学出版社，2008年，第54页。

山西票号关注社会教育，把为社会培养栋梁之才作为己任。常家的大德川山西票号在道光十七年（1837年）曾出资捐助榆次书院，榆次县知县特赠一匾“崇文尚义”。①后来于1903年又废除私塾，办立“常氏笃初小学堂”，设《诗经》《史鉴节要》《外国史歌诀》以及散文、珠算、算术等课程。1904年成立“知耻女子学堂”，使女子和男子一样公平地接受教育。两年后建立“常氏私立中学兼高初两等小学堂”，在之前的基础上又增加了外语、物理、化学、地理等课程，扩展了学生的知识范畴、丰富了眼界视野。票号对于教育作出了巨大的贡献，从八股私塾到新学学堂，不仅仅是继承祖训，把社会的发展看成自我的发展，以承担社会责任、培养社会人才为荣耀，使山西票号与社会共同和谐地可持续发展下去。更多的是顺应时代潮流，预先变革，为山西金融业变革起了推动、楷模的效用，这种极具创新的精神值得当今商业银行所借鉴。

7.4.2 现代金融企业的文化理想缺失

改革开放之后，我国由计划经济转向市场经济，市场开发放开，客户数量较多，宏观经济蓬勃发展，这就给予现代金融企业、商业银行良好的发展环境，各个银行紧抓存款、贷款等经营业绩，并且小有成效。胡锦涛总书记曾经讲过：“只有不断发展和

①葛贤慧：《商路漫漫五百年——晋商与传统文化》，华中理工大学出版社，1996年，第150页。

繁荣社会主义文化，才能不断满足人民群众日益增长的精神文化生活需要，才能为发展生产力提供强大的精神动力和智力支持。”同样的道理，现代商业银行作为经济发展的核心部门，也应该在企业文化建设方面起模范带头作用。然而，事实上，我国的现代商业银行仍然处于扩张期发展，各项规章制度不是很健全，这就使现代商业银行过多地追求经营绩效，而对其企业文化理想建设重视程度不够，严重的甚至导致文化理想缺失。

企业文化是企业成员所共同拥有的价值观与经营实践。①金融企业文化的形成受两方面的影响：一是受企业成立、发展所处的大背景的影响，并随着环境的改变而变化；二是受人的思想的影响，包括金融企业的领导者和员工的行为、作风等。以山西票号为例，山西票号产生发展于封建社会与儒家思想盛行的大环境下，并且财东、经理深受儒家诚信、忠义、勤俭思想的熏陶，所以票号人的思想单纯质朴，没有私心杂欲，只有一心为山西票号、为顾客服务的想法。可见山西票号形成了符合自身发展的独特的企业文化思想，而这种思想的精髓所在是文化与企业的结合，文化与人的结合，最终导致人与企业的完美结合，大大促进了山西票号的迅猛发展。

中国上下五千年传统文化留给我们巨额的财富，而在当今社会却没有很好地继承和延续下去。1912年1月19日，国民

①李悦茹：《从晋商“票号”看商业银行企业文化》，《财经界》（学术版）2010年第5期，第19页。

政府第一任教育总长下达“小学堂读经一律废止”的命令，在当时看来这是一个解放思想、具有创新意义的壮举。而经过了一个世纪以后，现代的社会对《大学》《中庸》《论语》《诗经》等中国传统支柱文化烂记于心的人少之又少，这种否定和摒弃传统文化的做法无疑是不明智的。在唐宋以前，各种宗教和信仰在我国都不避讳，并且教徒都被要求是向善的，但是随着明清以后宗教被执政人所谨慎对待，慢慢的中华民族缺乏了一种不同于西方民族的共同信仰、凝聚力，最终整个社会的传统文化缺失，让人变得愚昧、浅薄。而作为金融行业的核心，社会的文化转变，人的思想转变，影响着我国现代商业银行的文化思想树立，企业愿景、使命、核心价值观缺乏科学可行的文化梳理和提炼；对银行创办以来的历程以及未来的规划展望缺乏文化总结和归纳；经营管理过程中缺乏整体的价值理念导向。这种让企业随波逐流、文化自我衍变的金融企业文化思想不可能再造就出一个现代票号。

我国现代商业银行一般都实行西方的“行长负责制”，即行长全权负责行内一切大小事务，这种独断专行的制度使商业银行80%的不良资产来源于信贷风险，这与行长权力失控是分不开的。山西票号的大掌柜制度比西方的行长负责制权力更大，但是大掌柜对东家的忠义是现代行长比不了的。事实上，这正是现代商业银行文化理念缺失的具体体现，归根结底是照搬制度而忽视了中西方文化的差异。各国的经济发展情况不太一样，以美国为代表的西方文化与中国东方文化，在思维、观念、行为、价值取向上也存在着比较大的差异。中西文化各自有侧重点，中国文化崇尚道德礼数、集体利益，而西方文化更加崇尚实用制度、人权自由。文化往往与经营理念融会贯通，什么样的文化会产生什么样的经营理念。西方“行长负责制”，缺乏对人的思想教育、凝聚力的形成、群体意识的规范等，从而产生了独断专行、利益为重的金融文化，无疑对我国发展势头正猛的银行业是不利的。而山西票号给予掌柜充分的信任，掌柜受传统文化熏陶，以忠义回馈，这正是现代商业银行经营管理所需要汲取的养分。

所以现代商业银行要想谋求发展，就需要正视企业文化思想的建设，从“人本文化”“人文关怀”这一角度作为切入点，尊重人、关心人，提高个人的心智素养，调动全员最大的积极性，激发个人潜能，形成强大凝聚力，促进员工由“社会人”转变为“企业人”角色，真真正正地为商业银行服务。第一，引入山西票号的诚信、敬业、守纪、和谐等理念，打造具有特色的企业文化思想，体现独特的魅力，将企业文化建设的评判标准与人员考核、晋升等连接起来，确保文化建设落到实处。第二，重视领导以及员工的教育培训，不仅包括业务培训，更重要的是思想教育。领导层和员工层可以按业务层次培训，但是同时进行的思想教育必须以企业精神为主线、传统文化为基石，引导全行上下树立一致的理想和信念。第三，切勿混淆金融企业文化与思想教育的概念，理顺企业文化建设和员工思想教育的关系，思想教育工作为树立企业精神、文化而服务，企业文化建设为思想教育工作提供载体，二者相辅相成，拧成一股劲，共同为企业经营管理活动而服务，这是企业文化建设的着力点。

7.5 本章小结

金融文化是金融企业在特定的文化背景下，全体员工在经营活动中形成的金融企业精神、价值观念等意识形态的共识。古往今来，任何企业的经营活动需要人来决策，政策贯彻需要人来执行，业务来往需要人来维持，所以人都是最具有活力和价值的核心资源。而金融文化是为金融活动服务的，金融活动是为了满足人们的消费需求，所以只有以人本金融的理念推动金融文化的创新，才能真正地为金融活动而服务。

本章从人本文化视角分析了山西票号的金融文化，比较了现代商业银行与山西票号在金融文化上的差异。第一，山西票号的企业文化是在中国传统文化基础上形成的，崇尚关公的忠义的价值观，主张以义制利、利从义来；而现代商业银行照搬西方“经济人”假设，一切以赢利为目的，普遍形成“利”战胜“义”的道德缺失，这与山西票号“以义制利”的关公崇拜背道而驰。第二，山西票号无论是在对待内部员工、外部客户，还是和相与的态度上，都采取中和之道，以礼相待，注重人和；而现代商业银行行业内、行业间制度整体性缺失，以人为本的理念淡薄，究其根源，是自我中心文化在作祟，增加了协调的困难，不利于商业银行系统的整体发展。第三，山西票号的领导者注重对人的培养、潜能的激发，将人的意识要求拔高，以体现其社会责任；而现代商业银行照搬西方文化，忽略了传统文化的精髓，只留存于初级的物质需求，唯利是图，这是现代商业银行与山西票号需求文化上的本质区别。第四，山西票号受儒家思想影响，注重经营者的修齐治平素养的培养，把“心”的修炼与“智”的塑造充分融合，使山西票号员工真正步入精神的需求；而现代商业银行缺失文化理想，惯以我行我素，金融企业的发展必然受阻。

可见，山西票号的人本精神集中体现在克己、忠义、仁爱、诚信。由此形成了山西票号所特有的金融文化体系：崇尚关公的以义制利、善待相与的中和之道、同舟共济的社会责任、修齐治平的心智素养。现代商业银行与山西票号的金融文化体系相比，有着道德缺失、自我中心、唯利是图、我行我素等一系列负金融文化，急需要改变，这就可以把山西票号的这一套成熟、完整的文化体系搬过来，按照实际情况，适当的利用，使得现代商业银行的金融文化真正地为金融活动服务，激发人的创新能力，引导人们实现自我价值，保持经济平稳发展。第一，现代商业银行金融文化需要以传统文化为基石，适当扬弃、取其精华，吸收国外优秀的文化内涵，使我国传统文化与现代市场经济在经营管理中完美地结合起来；第二，培育一套“以人为本”的具有特色的商业银行企业文化，把诚信、敬业、守纪、和谐、创新、发展纳入运营机制之中；第三，抛弃整个商业银行“以银行为中心”的观念，转变为“客户至上”的理念，不断地更新和改造，运用行内资源最大限度地满足客户需求；第四，注重员工思想教育，实施“银行人”教育，加强社会责任感、国家责任感、银行主人翁责任感教育，通过其提高商业银行的经营管理水平、服务水平，形成核心竞争力；第五，理顺企业文化建设和员工思想教育的关系，二者拧成一股劲，共同为企业经营管理活动而服务，把企业文化真正地融入企业内部员工的血液中。

8

山西票号经营管理研究的理论结论

The research of Shanxi Exchange's management based on the analysis perspective of humanistic culture

本书从企业治理机制、人力资源管理制度、经营策略、风险控制举措、金融文化五个方面，分析研究了山西票号的经营管理，并与现代商业银行进行了比较研究，得出了以下几个结论：

第一，企业治理机制方面，山西票号的委托代理和两权分离在当时体现了较高的先进性，顶身股的制度安排是山西票号在产权制度层面的创新设计，是激励约束机制的先进做法。现代商业银行在此方面相对缺失，缺少在股权层面上的针对员工参与的专门机制设计。

第二，人力资源管理方面，山西票号的人力资源管理以员工的全面发展为核心，体现了个人价值与山西票号发展目标的统一，人与社会文化的相互融合。但现代商业银行在员工的激励约束、培养训育、人文关怀等方面较之山西票号有所差距。

第三，经营策略方面，山西票号的金融创新以人本文化为根本出发点和落脚点，业务经营体现了人本文化理念的深化与延伸，同业合作与竞争促进了个人行为的理性化与规范化。现代商业银行经营策略注重业务产品、客户服务、流程设计等实务方面，而在调动和激发员工的主动性、积极性和创造性，以经营管理“人”带动业务发展等方面尚有欠缺。

第四，风险管理方面，山西票号注重用道德约束员工，积极挖掘员工自身的道德意识，并借助于担保与宗法约束、号规约束、同业约束实现对“人”的严密管控，采取管人与内控相结合的方法，以管人为风险管控的核心抓手，辅之以密押、水印、口令、稽核等手段，实现有效的风险控制。商业银行则更为注重通过识别、模型计量、评估、处置等一系列手段来管理风险。

第五，金融文化方面，山西票号崇尚以义制利、中和之道、和衷共济的传统文化，注重履行社会责任，注重经营者的修齐治平素养的培养。而现代商业银行更为注重银行自身利益，较为忽视经营行为的合理性，忽略了社会责任的履行，文化理想也较为缺失。

综合来看，从根本上讲，山西票号的经营管理核心是以人为本，以所有者（财东）、管理者（掌柜）、职工（伙计）、客户为本，各项经营管理活动的出发点和落脚点均为“人”。商业银行的经营管理核心则为价值创造，以利益最大化为本，弱化了对“人”的关注。两者存在显著差别。

之所以出现此种差别，需要从社会基础和文化基础层面进一步分析延伸，探究表面差别下的深层次原因。

8.1 关于社会背景的理论总结

社会体系是指为了满足人类基本的社会需要，人们在相当一个历史时期里形成的具有特性和稳定性的系统。社会体系的发展对社会体系内的各事物形成社会环境影响。在不同历史时期，社会体系具有显著差异。按照生产力和技术发展水平为标准，人类社会形态可划分为渔猎社会、农业社会、工业社会、信息社会等。

生产力决定生产关系，经济基础决定上层建筑，社会发展水平决定社会思潮和社会文化。研究比较不同历史时期事物的发展，离不开对当时社会背景影响的深入分析。因此，分析山西票号与现代商业银行间经营管理的异同，离不开对各自所处社会背景的探讨和思索，社会层面的比较势在必行。

山西票号根植于农业社会，处于从农业社会向工业社会过渡的特定历史时期，服务于农业社会背景下的工商业阶级和统治阶级，而现代商业银行起源于工业社会，至今已迈入信息社会，两者的社会基础截然不同。农业社会与工业社会、信息社会在生产力、社会结构、社会评价等方面存在差异。

8.1.1 农业社会与工业社会、信息社会比较

在生产力维度上，农业社会、工业社会、信息社会在生产力方式、生产力特点、产品方式等方面存在差异，呈现出生产技术逐步先进化、劳动形态逐渐组织化、产品形式虚拟化的总体特点，生产力水平和效率大大提升。

在社会结构维度上，农业社会、工业社会、信息社会在人与生产之间、人与人之间的关系等方面也存在显著差异。劳动组织的系统化、劳动约束的自由化是社会生产发展后的重要特征。在社会构成方式上，由闭关自守的农村社会、家长式社会向集中的城市化社会、社会福利型支配的社会发展，最终发展成分散的网络社会、社会发展多功能社会。

在评价标准维度上，农业社会、工业社会、信息社会在价值标准、思维标准、伦理标准上也存在显著差异。具体表现为由宗教教会发展成为以人为中心、尊重人权，继而发展为以知识、人类为中心，追求民主使命感。

表8-1　农业社会与工业社会、信息社会比较

维度	具体方面	农业社会	工业社会	信息社会
生产力结构	生产力方式	土地生产力物质生产率	动力生产力（蒸汽机）物质生产率	信息生产力（计算机）知识生产率
	生产力特点	自然现象的有效再生产，增加生物再生产	自然现象的生产扩大，技术发展的有效变革，脑力劳动替代和扩大体力劳动	各种自然功能和社会功能系统化替代脑力劳动
	产品方式	增加农产品和手工业再生产	工业品、交通运输和能源	信息功能和系统
社会结构	人和生产的关系	人被束缚在土地上，强制劳动	人被限制在劳动场所，雇佣劳动	人被约束在社会系统中，合同劳动
	社会方式特点	闭关自守的农村社会、家长式社会	集中的城市化社会、社会福利型支配的社会	分散的网络社会、社会发展多功能社会

维度	具体方面	农业社会	工业社会	信息社会
评价标准	价值标准	自然法则维持生命	满足实利主义，满足肉体和感情上的欲望	创造知识，追求多种社会欲望
	思维标准	以上帝为中心的思想（宗教）	以人为中心的思想（自然科学）	以人类为中心的思想（最新科学）
	伦理标准	教会原则，上帝的意志	自由民主，基本人权、所有权	实行民主使命感，爱和自律

资料来源：网页 http://hi.baidu.com/china_education/blog/item/add3351f2f6b8ad4a686693f.html

8.1.2 山西票号与农业社会

山西票号的经营管理思想既体现了农业社会的影响，也突出了向工业社会的过渡发展。这与当时中国处在从农业社会向工业社会过渡的特殊历史背景紧密相关。

农业社会在向工业社会的过渡期中，商业革命和金融革命开始出现。商业扩张、市场扩大、商品关系和商业组织飞速发展。"在中国前现代化的最后三个世纪（16～18世纪），涌现出远比以前多得多的私人经济组织；这里既有量变，也有质变。特别是，乡村工业通过愈益细密的市场网络而得以协调，城镇工业通过这个网络而获得原料和顾客并形成大批雇佣工人的新结构。"[①]中国商业经营结构日趋复杂，各种专业化的商人群体如批发商、零售商、行商、代理人逐渐成长，各类商业组织如钱庄、商号、商会不断成长，企业组织形式如独资企业、合伙企业、股份制、货币

①（德）弗兰克：《白银资本》，中央编译出版社，2001年，第299页。

资本和人力资本合作的股份制涌现，地方市场网络密度增加，企业家才干提高。这些为山西票号经营管理乃至整个金融革命提供了大的社会背景。同时，农业社会中的伦理观、乡情观、宗族观、宗教观、家长式管理依然强势存在，两者交织，对山西票号经营管理中既信任人又约束人、既创新又保守、既敢于对外开拓又归乡自守等特点有深远影响。

第一，产权制度与企业治理方面，深受当时商号东伙制的影响。东家出钱，掌柜伙计出力，东家全权委托掌柜经营管理，“既不预定方针于事前，又不施其监督于事后”，此类委托代理机制在晋商各类商号中被普遍采用。之所以东家敢于如此放权，与几千年来中国农业社会浓烈的乡情观、宗族观密不可分。东家聘请掌柜、招聘伙计只认同乡，并且伙计还要铺保，在封闭狭小的圈子社会中，一旦掌柜、伙计贪图私利，做出损害东家利益之事，违背信义精神，必将名誉毁损，再难容于同业、同乡、同族中，甚者，死后不能入祖坟。

第二，人力资源管理方面，山西票号表现出既信任人又约束人的特点。开设分号，山西票号总号指定有能力的员工前往负责经营，不予资本，只给分号开业基本费用，日常经营不加干涉，只需定期信函汇报及年终总行汇报，充分信任，但同时要求分号人员不得携带家眷，不得兼营其他业务，以严格号规约束。对普通伙计同样如此，给予高薪酬的同时严格以号规约束，要求学徒三年内不得回家，出师后每三年才准予探亲一次，不得在营业地结婚。今日看来，这些号规不可谓不严，之所以能行之，与当时农业社会注重乡土观、宗族观、强制劳动的关系甚大。

第三，在经营策略方面，山西票号表现出既创新又保守的特点。山西票号既有在金融工具、金融机构、金融业务、金融技术、金融制度方面的种种创新，也有在后期因保守错失改组成为现代商业银行的宝贵机遇，同时，山西票号在后期发展中过于倚重与官僚、政府结托，轻视商业金融。这些不难看出传统农业社会守本守旧、重官轻商思想的影子。另外需要指出的是，山西票号财东“以商致财，用财守本”的传统农业社会思想使得山西票号分红多数被用于购置田地、房产以及窖藏，影响了后期山西票号的进一步发展。

第四，在企业文化方面，山西票号重商立业的创业思想、积极开拓的进取精神、勇于开放的合作精神、诚信义利的意识形态既体现了农业社会后期商业日渐发展、商业网络日渐扩大的社会影响，又体现了几千年来中国农业社会尊崇的儒家思想，崇尚信义，以诚信感召人，以义制利，这与西方工业社会“利益为先”的“经济人”思想截然不同。

8.1.3 现代商业银行与工业社会、信息社会

现代商业银行发源于工业社会初期，伴随着工业社会发展，如今已进入信息社会发展阶段。现代商业银行从一开始就定位于服务快速发展的工商业，支持推动工业社会发展的新技术，扶持具有核心竞争力的企业，以此促进经济和社会发展。

工业社会一方面通过技术发展的有效变革提高生产效率，带

动相关产业的发展，同时通过建立集中的城市化社会实现居民的工作集中、生活集中，提升城市化水平。因此，现代商业银行围绕企业、居民发展业务，构建企业业务、个人业务两大类银行业务。同时，工业社会要求大量的资本投入、自然资源投入和劳动力集中，这就需要货币资本的集中投入，商业银行通过存贷款业务充分发挥资本积聚和配置功能，实现资本在时间和空间上的转移，提高了社会生产的整体效率，降低了资金汇集转移的交易成本，同时依靠利息差和中间业务收入获取了自身利润，实现了持续发展。

与山西票号倚重于汇兑收益的收入结构相比，现代商业银行实现了从以利差收入为主向以中间业务收入为主的结构转变，这一转变与工业社会向信息社会发展的大背景紧密相关。信息化社会的典型特点是：社会生产的产品是各类信息功能和系统，整个社会成为分散的网络社会。在这个大背景下，商业银行资金转移配置功能被削弱，而提供各类信息服务（如投融资、现金管理、资产管理等）的功能逐渐强化，因而，现代商业银行的业务结构和收入结构与山西票号存在巨大差异，经营策略也显著不同，这是基于不同时期社会发展的基础不同。

在管理层面，现代商业银行更加注重契约管理、技术管理、流程管理、信息管理，即“制度化、信息化、流程化、技术化”管理水平更高，倚重于制度、技术、系统，但在人力资源管理上的严格度比之山西票号有所放松，侧重于如何合理配置人力资源，但在如何提升人力资源自我实现、自我发挥的积极主动性方面有所欠缺,这与工业社会和信息社会的契约化的人力资源组织形式有很大关系,同时也与现代人自我功能实现的多元化大趋势相对应。

8.2 关于价值观与文化基础的理论总结

文化是人们在改造客观世界、协调社会关系、调节自身情感的过程中所表现出来的时代特征、地域风格和民族样式。由于人类文明是由不同的民族在不同时代、地域中分别发展起来的,因而文化会带着不同的民族、地域的特征和风格。

金融是资金的分配。资金是人的物质财产的货币表现。因此,金融说到底是人支配财货的行为。金融文化是人类先进文化在金融领域的具体体现,是人在主导资金运动过程中的精神反映,即人在什么精神状态下指导资金的运动。这种精神状态又通过一定的形式反映为金融理念、金融法律,再作用于人的具体行为。

山西票号秉承的价值观是以义制利,文化基础是以儒家思想为代表的中国文化,而现代商业银行秉承的价值观是利益至上,所对应的金融文化是西方文化。基础的不同衍生了其经营管理核心的差异。

8.2.1 中国文化与西方文化比较

一个民族的文化决定或影响着该国家具体领域的文化。中西文化各有优劣。简言之,中国文化更为崇尚道德、集体利益,西方文化更为崇尚法律、个体自由（当然并不尽然）。

在西方商业发展中，一般认为新教徒信仰与价值观有着重要意义。20世纪初，德国社会学家马克斯·韦伯在《新教伦理和资本主义精神》一书中，提出了一个重要观点，即文化因素可以推动经济形态的改变。他认为西方近代资本主义的兴起，除了经济本身的因素之外，还有“新教伦理”的文化因素作用。新教的信仰和价值观认为，人只是财富的受托者，这些财富是经由上帝的荣耀才被给予人的，人对于自己占有的财富，有着向上帝承担的责任，甚至“是上帝的赚钱机器。他占有财富越多，他的责任就越大”。为了上帝的荣耀，就不能使财富减少，必须用不懈的努力来增加财富。新教把人们获得财富的冲动合法化，视作上帝的旨意。从而，基督教新教秉承的道德观念和勤奋节俭、诚信尽职的敬业精神的商业文化，构建起了西方现代商业的心理秩序与思想逻辑，极大地推动了西方商业经济以及文化、科技、贸易的发展。

儒家伦理思想的核心是“诚信义利”和“中和哲学”，即诚信为本，以义制利、中庸之道。儒家文化的核心是“仁义礼智信”，是“修身齐家治国平天下”，是倡导“立德、立功、立言”三不朽。中国传统文化在儒家文化的基础上采百家之长，不断地吸纳、融合、创新、演变诸子百家的思想，历经数千年的去粗取精、去伪存真，形成了今天的文化精髓。儒家文化从本质上讲推崇内圣外王，讲究修身、入世，注重集体利益，希望在修身齐家的基础上入世，为国家、人民的群体利益作出贡献，推动社会的变革与发展，这与西方文化“新教伦理”崇尚个人财富、注重个人利益取得存在显著差异。

在中国商业的发展中，儒家伦理始终是商业贸易的灵魂。中国古代农业经济时代商业的发展，与儒家伦理有着密切联系。明清以来商业革命同样是得益于儒家伦理思想。儒家伦理思想对商业经营有重要的指导作用，这一观点不仅国内学者认同，东亚国家如日本、韩国也很推崇。日本第一银行首任总裁涩泽荣一以及天皇教席三鸟中洲，根据子贡儒商的身份，试图从儒家经典中破译子贡的经商之道，他们在研读《论语》之后，都说过这样的话：“《论语》中有算盘，算盘中有《论语》。”不仅日本涩泽荣一等悟出了儒家伦理与商业的关系，韩国金日坤教授也认为：韩国人受儒家思想影响而形成的伦理观念，如勤奋、诚实、节俭、“相助共生”等发挥了类似古典学派所说的新教资本主义精神的激励作用。

8.2.2 山西票号与中国文化

中国传统文化就其思想文化而言，其精髓主要表现为以对宇宙、社会、人自身的朴素认识为代表的世界观，以朴素辩证法为代表的方法论，以追求和谐社会为特征的社会历史观，以“修齐治平”和“三不朽”为代表的人生观、价值观。在物质分配与交换领域，则主要体现为“诚信为本”“重义轻利”“君子爱财取之有道”等。

中国传统文化最为主要的精髓是诚信义利与中和哲学。

诚信义利，这是中国商业文明中核心价值的首要内容。其中心内容是利与义的关系，主张见利思义，先义后利，以义制利，义利相通相济。有了义，则朋友多，生意则顺。义的建立与维持必须诚信，诚信是做人做事最基本的准则。孔子说："人而无信，不知其可也。"企业及其经营者如果丧失诚信就会被淘汰。社会或企业用以调节个人、集体、社会的利益关系、评价意识和行为、规范的前提是伦理道德标准。待人以诚，处事以信。管子说："诚信者，天下之结也。""一诺千金"，是经济活动中信用体系的核心。

中和哲学，就是孔子的"中庸之道"。第一强调为人处世不可以左，也不可以右，要取其正中；第二是与人交，即使观点不同不影响合作共事，须"和而不同"，不可以"同而不和"即当面说好，背后踢脚；第三是权中时变，随着时间地点的转移必须及时调整自己的策略与方法。论语中"礼之用，和为贵"，认为"和"是处理解决矛盾的原则和方法。商业更需"和气生财"。诺贝尔经济学奖获得者蒙代尔说："中国的思想家认为世界是一个有机的整体。这一思想在中华文明几个世纪的时间里一直延续，这使得人们崇尚人与人之间的和谐、社会团体之间的和谐、政府与百姓之间的和谐以及中国与世界各国人民之间的和谐相处。"

晋商在明清时代之所以能够货通天下、汇通天下，他们的信条就是"仁义礼智信信中取利，温良恭俭让让中求财"。山西票号从事货币汇兑业，凭借的就是一个信字，在经营管理中始终恪守"讲信誉、守信用"的基本准则和职业道德，坚持诚信第一，绝不投机取巧。在义利问题上，晋商深知“经商之道首重信，次讲义，不以权术欺人，第三才是利”。山西票号每到一处，稍有发展必修建关帝庙，既为祭祀关云长祈求以其武功保护财产，更望以其信义教育员工、同行，塑造山西票号的诚信义利观。

和衷为贵是山西票号对内对外的处人处事准则。对内，财东对掌柜全权委托，充分信任。山西票号内上自大掌柜，下至小伙计，均能获得身股保障，号内上下人等激发出强烈的责任感、忠诚感，才会“不检责而勤，不检制而俭”，保障全号和财东的利益，全号上下营造和谐氛围。对外，对待客户讲究和气生财，对待同业讲究善待相与。

8.2.3 现代商业银行与西方文化

相比而言，西方文化总体上是一种替代型文化（当然替代中亦有融合的因素），具体表现为一个民族在军事上战胜另一个民族，战胜者的民族文化替代了战败者的民族文化。比如希腊文化替代了两河文化，罗马文化替代了希腊文化，奥斯曼文化替代了罗马文化，欧美文化替代了奥斯曼文化。同时，宗教的教义文化对西方社会文化有重要影响。如基督教新教的信仰和价值观认为，人只是财富的受托者，这些财富是经由上帝的荣耀才被给予人的，人对于自己占有的财富，有着向上帝承担的责任。为了上帝的荣耀，就不能使财富减少，必须用不懈的努力来增加财富。

因此，在此西方文化的影响下，西方商业银行讲究商业利益最大化、价值为先，各项业务的开展、客户的服务均是为了获得自身的利益，而较少考虑社会整体效益的实现。另外，由于西方文化更为崇尚法律，因此，西方商业银行尊重制度，制定完善的规章制度来规范经营管理，对待经营管理中出现的问题依照制度执行，而在制度灵活性方面稍有欠缺。西方商业银行讲究创新与竞争，从而提升金融创新水平，但在此背景下也可能造成创新过度，如2008年金融危机显示的金融过度创新对金融体系带来的负面影响。西方文化自希腊文化开始就关注科学与技术发展，时至今日，西方商业银行十分注重技术应用，表现在资本管理、风险管理、流程服务等方面，处处以技术创新为先导和主导，但同时也带来过于依赖技术，而忽视人的作用等问题。

中国现代商业银行最早伴随着外资银行的进入而出现，在经过20世纪二三十年代和50年代的两次大规模引进国外经验后逐渐成形，因此，中国金融文化的问题蕴涵着世界金融文化问题的一般性，即注重经济利益而忽视社会效应，注重制度而忽视人文，注重技术而过于依赖技术。但是，中国商业银行的金融文化缺陷又有自己的特殊性，表现为重技轻道、重法轻德、重物轻人、重利轻义、重快轻“度”等，特别是信仰文化、信用文化和内修文化从一定层面看严重欠账，导致一些金融从业人员的诚信意识、精神支柱和道德修养严重缺失①。

①唐双宁：《关于金融文化问题的几点思考》，《当代金融家》2011 年第 2 期。

8.3 中国商业银行引进和继承的理论总结

8.3.1 引进与继承的关系

引进与继承的关系探讨是基于方法论层面的。引进是由外及内的，是空间维度的发展方法。事物的发展以内因为根本推动力，外因起促进推动作用。吸收引进事物外在发展经验有助于总结普适的发展规律，寻找适合于事物内在发展的有效路径，减少发展风险，降低发展成本，是推动事物发展的有效方法。但需要指出的是引进不代表不分良莠、不讲差别的全盘吸收，“引”是因，“进”是果；“引”是主观的措施，“进”是客观的结果。“引”的过程是寻找、区分、思考、总结的过程，是主动的。引进外来经验规律时要注意时机、对象、方法，要对经验的适用性有事前的思考和事后的总结，以更好地引进，真正做到“为我所用，为我服务”。

而继承是由内及内，是时间维度的发展方法。事物的发展以内因为根本推动力，总结前人发展的经验教训，继承历史发展的有益成果，方能更好地推动事物的发展。继承的本质是择其优者“继”，是要总结前人的宝贵经验，与现实条件相比较，确定经验的适用性、适用范围以及是否需要改进。“承”是指承前启后，继承不单是历史经验的总结，更应是事物未来发展的引导，即继承既要体现历史，更要蕴含未来。

引进与继承是相辅相成的关系。引进与继承跨越了空间与时间两个维度，两者交点即是空间和时间的汇集点。因此，两者是互为补充的重要内容，即“相辅”。由于山西票号是中国商业银行的“雏形”，而现代商业银行又最早起源于西方，因此，进行山西票号与现代商业银行的比较研究可视为从空间与时间两个维度上对银行发展规律的再思考，比较研究的目的是为了更好地总结历史上的商业银行、西方商业银行的发展规律，是为了能够在空间上引进西方商业银行的做法，在时间上继承山西票号发展的优秀经验，以更好地服务于中国商业银行的发展，此为“相辅”。

“相成”是指引进与继承两者可以互相促进。引进并不排斥继承，引进西方商业银行发展经验并不排斥我国商业银行继承自己传统的好的东西，比如我们儒家思想“诚信义利”的价值观。相反，合理地引进有助于我们更好地反思我们自身传统的东西，更好地辨别出“哪些传统的东西是精华，哪些是糟粕”，从而更好地继承。同样，继承中国传统的金融思想、金融文化也有助于我们更好地了解“我们相对西方金融还欠缺什么，我们还需要引进什么”，从而更有目的地引进。此即为“相成”。

8.3.2 中国商业银行的引进与继承

长期以来，中国金融界存在一种认识误区：中国历史上没有自身的金融文化和金融理论，甚至于没有自己的金融实践。但实际上，随着中国金融史的深入挖掘和研究，“中国在历史上有自己的金融实践、金融理论、金融文化”这一观点日渐被越来越多专家学者所认可，并且中国金融实践、金融理论、金融文化有中国自己的特点。

同样，在金融界还存在另外一种认识误区：西方金融理论、金融文化发源比我们早，内涵比我们深，我们应该全盘吸收，认真研究掌握；西方商业银行实践比我们早，发展比我们快，比我们好，他们的经验管理理念我们需要引进，他们的发展模式我们应该遵照沿袭。但此次金融危机也证明了一点：西方商业银行发展模式同样有其弊端，暴露出的问题同样很多，其模式和方法并非万能。

因此，站在一个新的历史起点上，中国的商业银行应该重新思考引进与继承间的关系，重新考虑继承中国传统金融中值得继承的经营管理理念、金融文化，重新考量如何引进西方商业银行的发展模式及经验。

首先，两者不可偏废。事实证明：任何国家的金融发展在遵照世界金融发展共性的同时又具备其个性，比如日本金融体系与实体企业紧密联系的大集团制，比如德国“混业”金融架构，比如美国的地区小银行体系，甚至于孟加拉国的格莱珉小微金融。因此，一方面，要善于吸收借鉴国内外商业银行的普适性发展规律，如加强风险管理、资本管理、流动性管理；另一方面，要提炼中国传统金融发展的合理经验，运用于今时今日的中国商业银行改革发展中，比如，传统金融的信义精神。

其次，两者要相互结合。引进国外银行经营管理经验要和继承中国传统金融思想理念融合起来。表现在：当两者相合时，取双方之优点，结合成可行之方案，合理运用；当两者相悖时，要结合当前中国商业银行发展的背景、环境、阶段，全面分析，统筹考虑，择其优者而运用。

8.4 现代商业银行持续发展战略的理论总结

当前世界金融文化亦存在诸多弊端，如利信问题、虚实问题、王霸问题等。金融本以信用为基础，然而世界金融业已然出现罔顾信义、唯利是图的文化，其中尤以华尔街此次金融危机中的表现最为典型。金融本属虚拟经济，应与实体经济协调发展，然而世界金融业已然普遍存在创新无度文化，金融监管缺位，与实体经济的发展严重失衡。金融涉及各国共同利益，本应着眼宏观全局，谋取共赢之道，然而世界金融业霸权文化盛行，其中尤以 2010 年美联储量化宽松政策（QE2）为甚。凡此种种，不一而足。这些表现在形而下层面的具体现象，实质是形而上层面的国际金融文化扭曲，也是国际政治生态（强权政治）在金融领域的具体反映。这次全球金融危机从本质上讲（或说从一定意义上讲）是金融文化危机。

8.4.1 社会责任

金融业区别于任何一个行业，金融是经营货币、信用、风险的行业，金融与社会、企业、个人、家庭紧密联系，金融体系的稳健运行能服务于实体经济的稳定发展，也能推进经济社会的福祉提升；反之，一旦金融体系脱离服务实体经济、服务社会的主旨，代之以欺诈、过度创新、唯利是图，最终给社会经济带来的伤害难以估量，损失也只能由社会全体承担，这明显有悖于企业发展应合法、合规、正外部性的总体原则。因此，现代商业银行的发展既要考虑经济利益（利），也应考虑社会效益（义），做到利以义制，义利相济。

履行社会责任与追求经济效益两者并不冲突。商业银行通过为客户提供高质量的金融服务获取经济效益，金融服务的本质是信用服务，诚信意识的高低直接决定金融服务的质量，影响客户的满意度。履行社会责任有助于提升社会公众正向认知、提高品牌声誉、促进客户群的扩大和客户满意度的提升，与追求经济效益异曲同工。

我国商业银行在履行社会责任方面与国外先进银行存在一定差距，在承担社会职责方面存在诸多不足。

第一，银行业金融机构披露的社会责任信息不够全面和充分。国外先进银行披露的社会责任信息一般包括经济、社会和环境三个方面，既有定性描述也有定量指标，信息充分翔实。相比之下，我国商业银行对于社会责任信息的披露十分有限，并将社会责任等同于公益事业。

第二，一些银行业金融机构公平竞争和诚实守信意识仍然淡薄。例如，一些商业银行极力排斥市场竞争，试图继续控制市场赚取“垄断”利润；一些银行采取回扣、请客等非正常方式争夺银行客户，破坏公平竞争的原则，银行反商业贿赂还任重道远等。

第三，一些银行业金融机构自身利益与社会责任统筹兼顾不力。部分商业银行违背国家宏观调控政策，继续支持高污染、高能耗行业的发展，对信贷盲目增长不加控制，导致一些产业发展明显过热；忽视对小企业和“三农”的支持力度，造成国家宏观经济运行中出现冷热不均。

8.4.2 人文关怀

人文关怀，一般认为发端于西方的人文主义传统，其核心在于肯定人性和人的价值，要求人的个性解放和自由平等，尊重人的理性思考，关怀人的精神生活等。人文关怀要求尊重人的主体地位和个性差异，关心人丰富多样的个体需求，激发人的主动性、积极性、创造性，促进人的自由全面发展。具体来说，包括层层递进又密切相关的几层涵义：①承认人不仅作为一种物质生命的存在，更是一种精神、文化的存在。②承认人无论是在推动社会发展还是实现自身发展方面都居于核心地位或支配地位。③承认人的价值，追求人的社会价值和个体价值的统一、作为手段和目的的统一。④尊重人的主体性。人不仅是物质生活的主体，也是政治生活、精神生活乃至整个社会生活的主体，因而也是改善人的生活、提高人的生活品质的主体。⑤关心人的多方面、多层次的需要。不仅关心人物质层面的需要，更关心人精神文化层面的需要；不仅创造条件满足人的生存需要、享受需要，更着力于人的自我发展、自我完善需要的满足。⑥促进人的自由全面发展。人的全面发展应当是自由、积极、主动的发展，而不是由外力强制的发展；是各方面素质都得到较好的发展或达到一定水平的发展；是在承认人的差异性、特殊性基础上的全面发展，是与个性发展相辅相成的全面发展。

现代商业银行在对员工、客户的人文关怀上还有一些不足。

第一，对外，银行发展尚未真正做到以客户为中心。此次金融危机暴露出一个严重问题：商业银行凭借专业优势、信息优势将劣质资产经过层层包装设计制造成异常复杂的金融衍生品，欺骗客户购买。在此过程中，商业银行信息披露不完全，风险揭示不真实，为获得高额收益将客户利益置于危险境地。当市场下行时，客户因此蒙受重大损失，此种行为严重违反了以客户为中心的核心原则。在国内，商业银行在信贷规模紧张的大背景下对融资客户纷纷收取财务顾问费用、强行要求购买理财产品、以存换贷，给客户带来沉重财务负担，对个人客户也收取各种费用，而服务水平却屡受诟病，距以客户为中心有较大距离。

第二，对内，银行发展尚未真正做到以员工为本。员工是银行发展的核心要素，吸引、培养高素质的人才是提升银行核心竞争力的重要手段。从目前我国商业银行的发展看，尚未真正做到以员工为本。“赛马而不相马”的人才培养理念、重员工营销能力而轻员工综合素质的人才评价观、重挖人抢人而轻培养人留住人的行为使得商业银行员工的职业发展未能与企业发展很好地融为一体，员工的主体性未得到充分尊重，员工的归属感、忠诚度较低，员工的能动性和创造性得不到充分发挥，员工的自我价值实现难以满足。

8.5 中国商业银行特色发展的总体原则

金融文化是商业银行之根,山西票号根植于中国传统文化土壤,取得了令世人瞩目的成就,走出了中国传统金融机构的特色化发展之路,创新、诚信义利、以人为本是其精髓。当前,我国商业银行在股份制改造后,业务经营、管理水平、风险控制均有了很大程度的提升,各项指标(利润类、规模类、风险类)稳步改善,有力地支持了我国实体经济的快速发展。

但需要指出的是,当前我国商业银行的发展在借鉴西方银行发展策略的同时,也沿袭了西方发达国家商业银行的一些不好的理念,比如"重客户轻员工""重经济利益,轻社会效益",同时,我国商业银行普遍缺乏对中国商业银行特色化发展之路的深入思考,更多地可被视为"西方商业银行"的翻版,信奉西方商业银行经营管理理念,对西方商业银行的种种做法亦步亦趋。在此次金融危机后,反思危机原因,商业银行过于追求利润而放松贷款要求、投资银行利用信息优势进行金融欺诈,是微观层面上危机爆发的重要原因。商业银行"大到不能倒"的问题被社会深刻反思,在此背景下,中国商业银行如何摆脱对西方商业银行的盲目崇拜,走出有中国特色的商业银行发展新路,值得深入研究探讨。我认为中国商业银行特色发展应把握以下几方面原则。

8.5.1 中西结合与融会贯通

中国商业银行要坚持"中学为体,西学为用"的原则。中国传统文化中诚信义利、尚中贵和的中庸思想以及"己欲立而立人，己欲达而达人”的价值观应用于商业银行经营管理中具有重要的现实意义。商业银行应主动承担社会责任，将社会责任与自身的经济利益紧密结合，力争实现双赢。在此基础上，引入西方商业银行“以客户为中心”、注重风险、注重价值、注重创新的核心经营理念，实现中西方思想的融合交汇。

在企业管理方面，既应有西方文化思想中的契约精神，强化制度约束，完善各项规章制度，也应加入中国传统文化中自律、道德约束、思想影响等内容。在企业经营目标上，既应有西方文化思想中追求价值、利益最大化的财富观，也应融入中国传统文化中追求“义”、讲究“道”的核心理念，做到以义制利，义利相济，“君子爱财取之有道”。

在人力资源管理方面，既要借鉴西方商业银行尊重合同、尊重员工权利的做法，加强培训力度，提升员工水平，建立有效的激励约束机制；又要着力建立以人为本的管理理念，要认识到经营银行就是经营“人”，充分发挥员工的创新力，要倡导儒家思想以人为中心、内求仁心、外行仁政的待人处事原则，营造出商业银行内部的和谐有序氛围。

在企业文化方面，要借鉴西方现代商业银行的合规文化、风险文化、创新文化等，同时要融入东方文化中诚信文化、集体文化、奉献文化，增强企业凝聚力和向心力，强化员工的主人公意识，营造银行内部的良好和谐氛围，促进银行内部效率的提升。

在风险管理方面，既要借鉴西方商业银行注重定量分析、模型分析的方式方法，朝着构建精细化的全面风险管理体系的方向前进，同时，也要融入东方传统文化中尊重信义、强调道德约束的理念，借助当前社会信用体系建设的良好环境，强化客户的信用理念，突出联保互保的道德约束方式，减少道德风险。

在经营策略方面，吸收借鉴西方商业银行在业务产品、客户服务、流程设计等方面的优秀经验，提升信息化、流程化水平，创新业务产品，完善机制体制，同时，积极调动和激发员工的主动性、积极性和创造性，以经营管理“人”作为企业经营的核心战略，以人才作为核心竞争力要素。

8.5.2 引进先进与继承精华

首先，需要对中国金融业进行整体的“反思悟道”。坚持安全与发展并重，提倡发展，重视安全，安全第一；竞争与服务并重，改善服务，文明竞争，服务第一；德治与法治并重，提倡德治，并用法治，德治第一；信任与管理并重，增进信任，加强管理，信任第一；信用与效益并重，提倡信用，合规增效，信用第一；信仰与约束并重，提倡信仰，兼以约束，信仰第一；谋技与通道并重，重视技术，更重“通道”，“通道”第一。

其次，要通过组织培训、自学以及各种寓教于乐的方式，对中国金融机构员工进行金融文化教育，包括从解决现实问题的角度出发，将“有耻且格”教育作为中国金融文化建设的切入点；要通过制度建设和行为引导，形成金融系统员工积极学习金融文化、深刻领会金融文化、认真实践金融文化、努力发展金融文化的自觉性。

再次，要坚持“走出去、引进来”的学习大方针。通过“走出去”特别是去国外先进商业银行进行学习，了解商业银行发展趋势，结合当前我国商业银行发展现状，找出差距，制定方向步骤，加快发展；通过“引进来”，吸引一大批具有真才实干的专业性人才，引进西方商业银行先进经营管理理念、工具、方法，实现为我所用。

最后，要坚持“客观辩证”的引进继承大原则。在引进先进与继承精华中，要遵循“客观辩证”的大原则。“客观”表现在：评价方法要客观、评价标准要客观，评价过程要客观；“辩证”展现出：对先进、精华要辩证看待，要结合环境、时代背景等因素来辩证看待，对不符合时代区域背景的先进、精华要摒弃，对真正能适用于我国商业银行当前发展的优秀内容要引进、要继承。

8.6 中国商业银行特色发展的具体策略

8.6.1 人本文化落实到经营管理全过程

中国商业银行应在经营管理中牢固树立以人为本的核心理念，在经营管理的各个层面、各个环节，以客户为本，以员工为本，以股东为本，实现企业盈利、员工发展和客户满意的完美结合。

第一，以客户为本，围绕客户创新银行业务和服务，提升金融服务水平。在前台营销、中台服务、后台支撑的各环节上，牢固树立客户第一的理念，站在客户体验和感受的角度上，紧紧围绕客户需求，创新业务种类，简化业务流程，提升业务效率和专业性，同时要通过信息提炼、加工、整理，发现和挖掘客户潜在需求，提升金融服务能力和水平；在利率定价、业务收费上，立足于收益覆盖风险的原则，综合考虑业务风险水平和客户财务承受度，努力做到业务发展既维护银行的信贷资金安全和收益，又能很好地解决客户的融资难问题，做到双赢；在银行客户服务机制建设上，既要考虑不同阶层客户的差异化服务，也应兼顾低价值客户的金融服务需求，争取做到业务服务差别化与公平化的统一，满足客户需求，超越客户需求。

第二，以员工为本，围绕员工营造银行良好氛围，改善管理机制。始终将员工发展视为银行发展的核心竞争力，将员工个人发展与银行发展相结合，强化员工培训机制，规划员工职业生涯，与员工分享企业发展成果，培养、留住银行核心员工；在强化考核的同时，更加突出员工激励，充分发挥和挖掘员工潜力，鼓励提出个人想法观点，重视每一位员工自我价值的实现，以完善的制度和流程为依托，合理授权、充分调动广大员工的工作积极性和责任感；在员工薪酬、福利待遇方面，在强调价值创造的基础上，努力提升整体水平，拓展社保、福利覆盖范围，深化薪酬福利内涵，合理缩小管理者和普通员工间薪酬差距，切实保障员工利益；要关心员工、关注员工，帮助员工解决工作和生活中的困难，提升员工的归属感和凝聚力，着力营造团队和谐氛围，打造特色团队文化。

第三，以股东为本，围绕股东利益提升盈利水平，强化价值创造。加强与股东间的交流沟通，听取股东诉求，尊重股东意见，加深银行与股东间的联系；加强银行监事会的职能履行，努力做好财务监督、合规审计、风险防范等工作，切实保障股东利益；强化银行价值创造能力，协调处理好股东分红与商业银行盈利留存、资本金补充间关系，在确保资本金足额的前提下提升分红水平。

8.6.2 社会责任履行与银行发展相融合、相促进

在商业银行发展使命定位上，中国商业银行应纠正当前过于看重盈利而忽视社会责任履行的倾向，更加重视履行好社会责任，将社会责任履行视为商业银行服务中国经济社会发展的重要内容，使其与银行自身发展相融合、相促进。

一是扶持小微企业，关注弱势群体。一方面，商业银行应加大针对小微企业的贷款扶持力度，将更多的资源向小微企业倾斜，从总量上提升小微企业贷款的供给，逐步提高小微企业贷款在银行信贷余额中的占比；另一方面，针对小微企业普遍缺乏有效抵押物的现状，商业银行需要加大融资方式和担保方式的创新力度，以适合小微企业的实际情况，切实帮助小微企业降低资金的使用成本。

二是填补金融空白区域，拓展金融服务辐射面。商业银行应通过机构网点拓展、村镇银行设立、电子渠道建设等方式填补金融供给空白区域，拓展金融服务辐射面。在金融供给薄弱的区域提供金融服务，要坚持市场化运作与履行社会责任相结合，坚持

经营机制创新与产品服务创新相结合，大力探索低成本、可复制、易推广的金融产品和服务方式，将资源分配重点向乡镇倾斜，业务发展重点向“三农”倾斜，利益分配重点向一线倾斜，在服务深度、广度、密度上做文章、下工夫，不断提高金融服务的充分性与多样性，着力解决农村普惠制金融服务难题。

三是合理调整中间业务收费，提高客户满意度。一方面，商业银行应摒弃依靠贷款优势收取中间业务费的传统思想，真正创新服务于实体经济、服务于风险管理的中间业务，提高服务品质，提升中间业务技术含量；另一方面，针对客户普遍反映强烈的部分中间业务不合理收费问题，商业银行应加大排查，加快整改，合理调整收费比率，对于银监会、发改委确定的中间业务价格标准要严格执行，减轻客户财务负担，提高客户满意度。

四是完善信贷支持的导向机制，促进经济结构优化升级。商业银行应坚持“区别对待、有保有压”信贷原则，通过信贷结构调整，统筹配置信贷资源，支持重点产业调整振兴，抑制部分行业产能过剩，推进产业结构改善。加大对经济领域薄弱环节、新兴产业的扶持力度，减少对国家宏观调控重点领域如房地产业，高污染、高耗能行业的信贷投放。通过绿色信贷资金投放支持节能环保等行业发展，促进我国经济结构优化和发展方式转变。

8.6.3 创造中国商业银行特色金融文化

金融文化是商业银行经营管理之根，创造属于中国商业银行的特色金融文化既是商业银行重要使命，更是商业银行特色发展的重要内容。中国特色金融文化应根植于中国传统文化的土壤，浸润于诸子百家的思想氛围，吸收国际金融文化的积极成分。在内容上体现为：诚信为本，以义制利，和谐为基，创新为核。

诚信为本。商业银行应坚持诚信文化建设，加强前中后台服务客户的诚信意识，赢得客户的信赖与支持。强化与社会公德相适应的诚信理念；强化与社会主义市场经济相适应的诚信理念，如平等原则、禁止权利滥用原则等，在经营活动中牢固树立实事求是、依法合规、履约重诺、诚实守信的经营理念；强化与金融职业道德相适应的诚信理念，树立遵纪守法、文明服务、爱岗敬业的诚信理念。将诚信融入各项业务工作之中，促进业务发展，不断增强银行软实力。

以义制利。商业银行在追求利润最大化的组织目标的同时，要传承儒家思想中“以义制利，义利相济”的价值观，积极履行社会责任，在经营管理中讲究与客户、与员工的互利共赢，不利用议价优势获取不正当收益，不利用信息优势侵害客户利益，不因客户价值差异而区别对待客户。在贷款方面，要加大对薄弱行业领域、落后地区的信贷支持力度，加大对小微企业的金融支持，切实做到银行扶持小微企业发展，促进就业增长和民生改善，实现以义制利。

和谐为基。商业银行要在行内营造和谐的企业文化氛围，鼓励员工说出自己的想法看法，提出创新性意见和建议，允许员工合理表达自我诉求，着力关心员工的切实需求，着力构建员工、管理者和谐共处的企业管理文化，为企业发展助力；在行外，商业银行要与同业、客户、政府、社会和谐共处，将和谐的外部环境视为中国商业银行快速发展的强大助力，实现与人和、与社会和。

创新为核。商业银行要牢固树立“创新是银行发展的不竭动力”的理念，将创新视为中国商业银行迎接利率市场化、金融脱媒、技术脱媒等挑战的核心手段，构建激发创新活力的激励考核机制，鼓励从国外引进先进的金融技术方法和管理理念，创新金融产品、金融业务、金融制度、金融工具、金融技术，提升商业银行支持实体经济的综合实力。在创新中，要坚持创新服务于实体经济，服务于客户需求，服务于风险管理。

参考文献

【1】孔祥毅. 山西货币商人的金融创新［J］. 金融时报，1998（2）

【2】孔祥毅. 镖局、标期、标利与中国北方的社会信用［J］. 金融研究，2004（2）

【3】孔祥毅. 金融贸易史论［M］. 北京：中国金融出版社，1998

【4】孔祥毅. 晋商与金融史论［M］. 北京：经济管理出版社，2008

【5】孔祥毅. 金融山西票号史论［M］. 北京：中国金融出版社，2003

【6】孔祥毅，陶宏伟. 晋商案例精选［M］. 北京：经济科学出版社，2008

【7】白钦先. 在2002年山西票号国际学术会议上的发言［R］. 山西太原. 2002

【8】陈其田. 山西票庄考略［M］. 上海：商务印书馆，1937

【9】陈维政，刘苹，胡豪. 人力资本与公司治理［M］. 大连：大连理工大学出版社，2005

【10】杜恂诚. 中国近代两种金融制度的比较［J］. 中国社会科学，2000（2）

【11】丁俊峰. 建设优秀上市银行的依托：制度、理念与银行文化［J］.农村金融研究，2010（8）

【12】董继斌，景占魁. 晋商与中国近代金融［M］. 太原：山西经济出版社，2002

【13】 高倚云. 明清晋商文化传统、制度绩效与路径依赖［D］. 辽宁大学，2007

【14】荀开红. 我国股份制商业银行薪酬构成及长期激励研究[J]. 国际金融研究，2004（11）

【15】葛贤慧. 商路漫漫五百年——晋商与传统文化［M］. 太原：山西经济出版社，2009

【16】黄达等. 金融学［M］. 北京：中国人民大学出版社，2004

【17】黄鉴晖. 山西票号史［M］. 太原：山西经济出版社，1992

【18】黄鉴晖. 山西票号史（修订本）［M］. 太原：山西经济出版社，2002

【19】黄静. 以人为本的企业文化［M］. 武汉：武汉大学出版社，2003

【20】侯以莅. 晋商史料与研究［M］. 太原：山西人民出版社，1996

【21】姜建清. 回眸银行历史的足迹　展示金融文化的风采［J］. 中国金融，2003（7）

【22】兰邦华. 人本管理：以人为本的管理艺术［M］. 广州：

广东经济出版社，2000

【23】李文治，江太新. 中国宗法宗族制和族田义庄［M］. 北京：社会科学文献出版社，2000

【24】李华. 明清以来北京的工商业行会［J］. 历史研究，1978（4）

【25】李小娟. 晋商的人身股与西方股票期权计划的比较研究［A］. 2004年中国经济特区论坛：科学发展观与中国的发展学术研讨会论文集［C］，2004

【26】李悦茹. 从晋商“山西票号”看商业银行企业文化［J］. 财经界（学术版），2010（5）

【27】李春满. 现代银行文化经营［M］. 长春：吉林人民出版社，2005

【28】刘晓波. 浅议商业银行思想政治工作建设［M］. 财经纵横，2009（3）

【29】刘晓宇，孙晓峰. 国有商业银行现行经营者薪酬制度的弊端分析［J］. 中央财经大学学报，2004（11）：36～39

【30】刘永仁，刘晋叶. 现代企业人事管理［M］. 北京：中国人事出版社，1998

【31】刘文峰. 山西商人与梆子戏［M］. 北京：文化艺术出版社，1996

【32】刘俊海. 公司的社会责任［M］. 北京：法律出版社，1999

【33】马克思，恩格斯. 马克思恩格斯全集［M］. 北京：人

民出版社，1965

【34】毛成刚，乔南. 晋商文化与家族商业研究［M］. 北京: 经济管理出版社，2008

【35】马燕. 回商文化与晋商文化之比较［A］. 首届中国宁夏回商大会文化论坛论文汇编［C］，2008

【36】（美）加里·贝克尔. 人力资本［M］. 梁小民译. 北京：北京大学出版社，1985

【37】（美）JohnM .Ivancevich，（中）赵曙明. 人力资源管理［M］. 北京：机械工业出版社，2005

【38】牛晓健，王胜英. 现代风险管理——我国金融企业管理的必由之路［J］. 生产力研究，2003（3）

【39】彭信威. 中国货币史. 上海：上海人民出版社，1965

【40】乔增光. 山西票号治理结构的理论研究［D］. 山西大学，2005

【41】秦援晋. 文化金融学初探［D］. 辽宁大学，2010

【42】秦池江. 现代金融期盼现代金融文化［J］. 金融博览，2006（2）

【43】芮明杰，杜锦根. 人本管理［M］. 杭州：浙江人民出版社. 1997

【44】山西财经大学晋商研究院. 晋商研究早期论集（一）［M］. 北京：经济管理出版社，2008

【45】山西财经大学晋商研究院. 晋商研究早期论集（二）［M］. 北京：经济管理出版社，2008

【46】唐双宁. 关于金融文化问题的几点思考［J］. 当代金融家，2011（2）

【47】唐双宁. 关于金融文化的十个基本观点［J］. 中国金融，2011（12）

【48】卫聚贤. 山西票号史［M］. 北京：经济管理出版社，2008

【49】吴承明. 中国资本主义与国内市场［M］. 北京：中国社会科学出版社，1985

【50】王晓刚. 略论商业银行激励机制创新［J］. 中国金融，2003（12）

【51】王森. 东西方金融文化比较：冲突与融合［J］. 金融博览，2011（8）

【52】汪叶斌，廖道亮. 银行内部控制原理与评价［M］. 大连：东北财经大学出版社，2002

【53】卫东海. 明清晋商精神的宗教伦理底蕴［D］. 中国人民大学，2008

【54】许涤新，吴承明. 中国资本主义发展史第1卷［M］. 北京：人民出版社，1985

【55】亚伯拉罕·哈罗德·马斯洛. 人本管理模式. 呼和浩特：内蒙古人民出版社，2003

【56】姚贤镐. 中国近代对外贸易史资料. 中华书局，1962

【57】苑德军，李树生. 中国金融创新特点分析与推进对策［J］. 金融创新，2007（5）

【58】中国人民银行山西省分行，山西财经学院. 山西票号史料［M］. 太原：山西经济出版社. 1990

【59】中国人民银行上海市分行. 上海钱庄史料. 上海：上海人民出版社，1960

【60】张正明. 晋商与经营文化［M］. 上海：上海世界图书出版公司，1998

【61】张桂萍. 山西票号经营管理体制研究［D］. 北京：首都师范大学，2005

【62】张爱民. 山西票号兴衰过程中的组织与管理因素研究［D］. 郑州：郑州大学，2003

【63】张维迎. 所有制、治理结构与委托代理关系［J］. 经济研究，1996（9）

【64】张增强. 儒商文化与现代企业制度［J］. 山西财经大学学报，2002（6）

【65】赵曙明. 人力资源管理研究［M］. 中国人民大学出版社，2001

【66】赵保富. 商业银行战略转型中的品牌建设及其路径选择［J］. 中国金融，2006（3）

【67】中共山西省委政研室. 山西资料汇编［M］. 太原：山西人民出版社，1960

【68】朱克江. 经营者薪酬激励制度研究.［M］. 北京：中国经济出版社，2002

【69】庄强，王功民. 以人为本［M］. 企业管理出版社，1997

【70】周三多等. 管理学[M]. 北京：高等教育出版社，2000

【71】中国银行业监督管理委员会. 商业银行内部控制评价试行办法[J]，2005

【72】礼记·中庸[M]. 中华书局，1976

【73】礼记·大学[M]. 中华书局，1976

【74】论语·卫灵公[M]. 中华书局，1976

【75】论语·雍也[M]. 中华书局，1976

【76】孟子·公孙丑[M]. 中华书局，1976

【77】荀子·王霸[M]. 中华书局，1976

【78】山西通志[M]. 中华书局，1991

【79】http://chinese.people.com.cn/BIG5/42317/4531222.html

【80】http://baike.baidu.com/view/24896.html[17]

【81】H.O.Fried,C.A.K. Lovell,S. S.Schmidt,S. Yaisawarng. Ac-counting for Environmental Effects and Statistical Noise in Data En-velopment Analysis [J]. Journal of Productivity Analysis, 2002,17(1–2)

【82】La Porta,Rafael,Florencio Lopez–de–Silanes[18],Andrei[19]Shleifer.Corporate ownership around the world.Journal of Finance, 1999

【83】Luis R.Gomez—Mejia.Managerial control, Performance, and executive compens[20]–ation[21].Academy of Management Review，2000，25，492~507

【84】Mi1kovich，GT.A strategic Perspective on Compensation

Management[J].Research in Personne［22］ land Human Resource Management 1988，6（2）:263～288

【85】J.T.Delaney，M.A.Huse［23］1id.The impact of human re-source management practices on

【86】Johnson,Simon,Rafael La Porta,Florencio Lopez-De-Silanes［24］ and Andrei［25］ Shleifer.Tunneling.The American Economic Review,2000

【87】Perceptions of organizational performance［J］.Academy of Management Journal，1996，39:949～969

【88】Silber W.The Process of Financial Innovation.The Amerieau［26］ Economic Review，1983（4）

【89】Edgar Schein.Organizational Culture.American Psychologist, 1990（February）

【90】 Senior Supervisors Group.Observations on Risk Management Practices during the recent Market Turbulence［R］.2008

【91】 M.H.Pesaran,T.Schuermann,S.M.Weiner.Macroeconomic Dynamics and Credit Risk:A Global Perspective，Universiyt of Cambridge，2004

【92】SIFMA Research，Eeonomic［27］ Growth Flows，Inflation Ebbs，SeottJ.Brown & Zachpandl，www.sifma［28］.org，Jan. 2007

后记

本书是在我的博士学位论文基础上修缮完成的。

2007年，是我29年的人生经历中最为不平凡的一年，这一年，我荣幸地成为孔祥毅教授的博士研究生。在山西经济学界，尤其是金融山西票号史研究领域他始终是领军之人。导师在承担着繁重的教学科研工作之余依然以严谨的治学之道、扎实的理论功底、宽仁的博大胸怀、积极的生活态度……给予我精心的指导和关怀，为我树立了一生的做人典范。古稀之年，恩师在身体状况欠佳的情况下，仍为我的学习操劳费神。五年来，正是在他的悉心教授和帮助指导下，我才得以完成博士论文的研究，从选题到框架，从理论到数据，从摘要到脚注，从运笔到行文，每个环节无不凝结着恩师的智慧，无不倾注着恩师的心血。此情此恩，终生难忘！

年近三旬，从一名理工科学生踏入金融学研究殿堂，虽快乐畅游其中，但困难可想而知。五年间，父母、妻儿都给予我莫大的鼓励与支持，总是在我艰难之时坚定我向前的意志，使我坚持下来最终完成博士论文的研究。感谢我挚爱的家人，我的论文也算是对他们最大的感谢和安慰！

感谢山西财经大学的杨有振教授、崔满红教授、沈沛龙教授，三位老师在繁重的行政工作之余，多次对我的论文进行了关键的把握和悉心的指导，为论文的构建提出了中肯的意见和独到的见解，在此，谨向各位导师表达我诚挚的谢意！

在博士生学习和论文研究期间，我还得到了山西财经大学多位老师和同学的帮助，借此机会，由衷地表示感谢！

我在论文写作过程中，查阅并参考了国内外有关本选题的各种研究成果和文献资料，除对论文写作有较大影响的文献资料已在参考文献中标出外，可能仍有遗漏之处，在此向各位作者一并致谢！

另外，在本书的出版过程中，山西经济出版社副总编辑郝建军，编辑董利斌、郭正卿付出了辛勤的劳动和诸多心血，在此，表示衷心的感谢。

图书在版编目（CIP）数据

基于人本文化视角的山西票号经营管理研究：对现代商业银行的启示 / 王渊著. -- 太原：山西经济出版社，2013.1

ISBN 978-7-80767-628-7

Ⅰ. ①基… Ⅱ. ①王… Ⅲ. ①票号—经营管理—研究—山西省 Ⅳ. ① F832.9

中国版本图书馆 CIP 数据核字（2012）第 299549 号

基于人本文化视角的山西票号经营管理研究
——对现代商业银行的启示

著　　者： 王　渊
责任编辑： 董利斌
助理责编： 郭正卿
装帧设计： 阎宏睿

出 版 者： 山西出版传媒集团 · 山西经济出版社
地　　址： 太原市建设南路 21 号
邮　　编： 030012
电　　话： 0351-4922133（发行中心）
0351-4922085（综合办）
E-mail： sxjjfx@163.com
jingjshb@sxskcb.com
网　　址： www.sxjjcb.com

经 销 者： 山西出版传媒集团 · 山西经济出版社
承 印 者： 太原市力成印刷有限公司

开　　本： 787 毫米 × 1092 毫米　1/16
印　　张： 16.5
字　　数： 163 千字
版　　次： 2013 年 1 月第 1 版
印　　次： 2013 年 1 月第 1 次印刷
印　　数： 1 — 3000 册
书　　号： ISBN 978-7-80767-628-7
定　　价： 36.80 元